새

# 연세한국어
## 말하기와 쓰기 6-1

연세대학교 한국어학당 편

연세대학교 출판문화원

# 머리말

연세대학교 한국어학당은 1959년에 설립된 한국 최초의 외국어로서의 한국어 교육 기관이다. 연세대학교 한국어학당은 그간의 역사와 명성에 걸맞게 다양한 한국어 교재 편찬 및 관련 연구를 해옴으로써 한국어 교육을 선도해 왔다. 지금까지 전 세계에서 온 약 150여 개국의 17만여 명에 이르는 한국어 학습자에게 한국어와 한국 문화를 가르쳐 왔으며, 최근에는 빠른 속도로 변화해 가는 교육 환경에 맞추어 오프라인 한국어 교육뿐만 아니라 온라인 한국어 교육 콘텐츠 개발에도 노력을 기울이고 있다. 이미 세계 각국의 한국어 학습자를 대상으로 글로벌 온라인 대중 공개 강좌(MOOC)를 개설하여 학습자들로부터 큰 호응을 얻었고 연세대학교 온라인 교육 혁신 플랫폼인 런어스(LearnUs)에도 최신 기술을 활용한 한국어 콘텐츠를 올려서 학습자들을 만나는 중이다.

연세대학교 한국어학당은 그간 일반 목적 한국어 학습자들뿐만 아니라 특수 목적 한국어 학습자들을 대상으로 정규과정, 단기과정, 대학 한국어 과정 등 다양한 교육과정을 개설 운영하면서 학습자의 요구에 부응하는 최상의 교재를 개발해 왔다. 이러한 교재들은 국내외의 한국어 교육 기관에서 교사와 학습자들의 다양한 요구를 충족시키며 양질의 한국어 교수·학습을 위해 널리 사용되고 있다.

연세대학교 한국어학당은 그간 가장 큰 호응을 받아 왔던 '연세한국어' 1급~6급의 뒤를 이을 새로운 교재로 '새 연세한국어' 시리즈를 기획 출간하게 되었다. 이 교재의 개발을 위해 한국어 교육 현장 경험이 풍부한 전문 한국어 교육학자 및 교사들이 대거 투입되었고 최상의 한국어 교수법 및 학습자 집단의 요구에 대한 이해를 바탕으로 개발 작업이 장기간에 걸쳐 수행되었다.

이번에 출간된 '새 연세한국어' 시리즈는 총 6단계로 각 단계마다 어휘와 문법 교재, 말하기와 쓰기 교재, 듣기와 읽기 교재로 구성되어 있다. '새 연세한국어 어휘와 문법'은 한국어 학습자들이 각 숙달도별로 가장 필수적으로 익혀야 하는 주요 어휘와 문법에 대한 이해와 활용을 중심으로 구성되었다. '새 연세한국어 말하기와 쓰기'는 원활한 한국어 의사소통을 위해 꼭 필요한 표현 기능을 수행할 수 있도록 말하기, 쓰기 과제를 중심으로 구성되었다. 또한 '새 연세한국어 듣기와 읽기'는 듣기, 읽기 과제를 중심으로 각 급별 숙달도에 적절한 이해 능력을 함양시킬 수 있도록 구성되었다. 이 세 권의 교재는 어휘·문법, 표현, 이해 능력의 고른 발달을 위해 패키지로 함께 사용될 수도 있고, 교육 현장 여건이나 학습자의 요구에 따라 별도로 사용될 수도 있다. 또한 어휘와 문법 교재의 경우 별도의 지침서가 무료로 제공되므로 교육 경험이 다소 부족한 국내외의 한국어 교사들에게 유용한 길잡이가 될 수 있을 것이다.

연세대학교 한국어학당은 앞으로도 전 세계의 한국어 학습자들의 요구와 기대에 부응하는 교재 개발을 위해 최선을 다할 것이다. 아울러 본 교재가 국내외에서 한국어 교육을 위해 노력을 아끼지 않는 많은 교사와 한국어 학습을 위해 노력하는 모든 학습자들에게 크게 도움이 되기를 바란다.

**연세대학교 언어연구교육원**

한국어학당 교재편찬위원회

# 일러두기

01 이 책은 <새 연세한국어 어휘와 문법 6>, <새 연세한국어 듣기와 읽기 6>과 함께 한국어 고급 학습자들이 사용하도록 구성된 교재이다.

02 이 책은 한국어 고급 학습자들이 한국어로 말하고 쓸 수 있는 능력을 키우기 위한 표현 능력 개발 교재이다.

03 이 책은 총 20과이며 각 과는 각기 2개의 활동으로 구성되어 있다. 그리고 2개 과마다 앞에서 학습한 내용을 복습할 수 있는 복습 10개와 한국 문화에 대한 소개 10개를 실었다. 각 과는 100분 수업 분량으로 이 책은 총 50회의 수업을 진행하도록 구성되어 있다.

04 이 책의 각 과는 '제목, 학습 목표, 준비해 봅시다, 말하기1(쓰기1), 말하기2(쓰기2), 정리해 봅시다'로 구성되어 있다. 각 과는 말하기 또는 쓰기 기능을 수행하도록 구성되어 있으며 전체적으로 말하기 능력과 쓰기 능력을 균형 있게 향상시킬 수 있도록 구성되어 있다.

05 각 과의 제목은 <새 연세한국어 어휘와 문법 6>과 동일하다.

06 '학습 목표'는 '공통점과 차이점을 설명할 수 있다, 의견을 제시할 수 있다, 전문적인 글을 쓸 수 있다, 비평의 글을 쓸 수 있다'와 같이 표현 기능이 드러나도록 기술되어 있다.

07 '준비해 봅시다'는 각 소단원의 들어가기에 해당되며 해당 단원의 말하기나 쓰기 내용의 이해를 돕기 위한 준비 단계이다. 각 과의 주제에 대한 배경 지식을 환기시키는 시각 자료와 질문으로 구성되어 있다.

08 말하기1과 말하기2는 유기적인 관계를 맺고 있는 기능을 연계하여 학습할 수 있도록 구성되어 있다. 말하기1과 말하기2는 각각 3단계로 구성되어 간단한 대화나 이야기로 시작하여 기능과 관련된 표현을 익히고 이를 활용하여 제시된 과제를 수행하도록 구성하였다. 말하기의 각 과제는 신문 기사나 자료 등을 근거로 하여 사회적·추상적인 주제에 대해 자신의 의견을 발표하는 것을 최종 목표로 하여 구성되었다.

09 쓰기1과 쓰기2 역시 관련된 기능을 연계하여 학습할 수 있도록 구성되어 있으며 말하기와 동일하게 각각 3단계로 구성되어 있다. 쓰기의 각 과제는 설명문, 감상문, 논문 쓰기 등 전문적인 글을 작성하는 것을 최종 목표로 하여 구성되었다.

10 '정리해 봅시다'는 마무리 단계로서 각 소단원에서 학습한 내용을 학습자 스스로 확인하고 점검하고 다른 언어 능력과의 통합 교육을 통해서 한국어 능력을 강화하도록 구성되어 있다.

11 '복습'은 정리하고 마무리하는 단계로서 선행 학습한 2개 과의 주제나 기능과 관련된 말하기 또는 쓰기 활동으로 구성되어 있다.

12 '문화'는 선행 학습한 2개 과와 관련된 한국의 문화를 소개함으로써 한국에 대한 이해를 돕도록 구성되어 있다.

13 새로 나온 어휘는 해당 지면 하단에 제시하고 이들 어휘는 어휘 색인으로 제시하였다.

# 단원구성

| 과 | 제목 | 학습 목표 | 과제 | 문화 |
|---|---|---|---|---|
| 1 | 한국인의 말과 글 | 대상을 정의, 분류하고 공통점과 차이점을 설명할 수 있다. | 정의하고 분류하여 설명하기<br>비교하고 대조하여 설명하기 | 검열의 시대 |
| 2 | 언론과 표현의 자유 | 공감, 해명하는 댓글과 가상의 신문 기사를 쓸 수 있다. | 공감, 해명 댓글 달기<br>기사 작성하기 | |
| 3 | 개인과 사회 | 부연 설명을 요청하고 요청에 응답하여 설명을 할 수 있다. | 설명 요청하기 및 의견 묻기<br>자료 설명과 부연 설명하기 | 가족 계획 표어의 변천사 |
| 4 | 사회 제도와 정책 | 전문적인 글의 개요를 준비하고 작성할 수 있다. | 논문 개요 준비하기<br>논문 개요 작성하기 | |
| 5 | 진로와 성공 | 내용을 요약, 정리하여 말하고 상대의 의견에 대하여 동의 및 문제 제기를 할 수 있다. | 요약, 정리하여 말하기<br>동의 및 문제 제기하기 | 경제 개발 5개년 계획 |

| 과 | 제목 | 학습 목표 | 과제 | 문화 |
|---|---|---|---|---|
| 6 | 기업과 사회 | 전문적인 글의 서론을 쓸 수 있다. | 논문 서론 쓰기 1<br>논문 서론 쓰기 2 | 경제 개발 5개년 계획 |
| 7 | 경제와 사회 | 논거를 들어 반박하고 예시를 들거나 인용하여 말할 수 있다. | 반박하기<br>인용하기와 예시 들어 말하기 | 한국의 대통령 선거 제도 |
| 8 | 정치와 사회 | 전문적인 글의 본론을 쓸 수 있다. | 논문 본론 쓰기 1<br>논문 본론 쓰기 2 | |
| 9 | 교육과 사회 | 심도 있게 연구하고 조사한 내용을 발표할 수 있다. | 발표하기 1<br>발표하기 2 | 팔도와 서울의 유래 |
| 10 | 역사와 유래 | 전문적인 글의 결론을 쓸 수 있다. | 논문 결론 쓰기<br>각주와 참고 문헌 작성하기 | |

# 차례

# 등장인물 | Main characters

**에릭 파커**
- 미국
- 한국어학당 학생
- 한국전자 직원

**존 카마우**
- 케냐
- 한국어학당 학생
- 교환 학생

**사토 유키**
- 일본
- 한국어학당 학생
- 기자

**리타오**
- 중국
- 한국어학당 학생
- 대학 입학 예정자

**노라 한슨**
- 노르웨이
- 한국어학당 학생
- 대학원 입학 예정자

**최주앙**
- 브라질
- 한국어학당 학생
- 대학 휴학생

**응웬 흐엉**
- 베트남
- 한국어학당 학생

**레오 마르탱**
- 프랑스
- 한국어학당 학생
- 요리사

**올리비아 스미스**
- 호주
- 한국어학당 학생
- 외교관

**이윤아**
- 한국
- 대학생

**정하늘**
- 한국
- 대학생

**김우진**
- 한국
- 한국전자 직원

새 연세한국어

# 말하기와 쓰기 6-1

# 01 1과 한국인의 말과 글

• 학습 목표: 대상을 정의, 분류하고 공통점과 차이점을 설명할 수 있다.

## Ⅰ. 준비해 봅시다

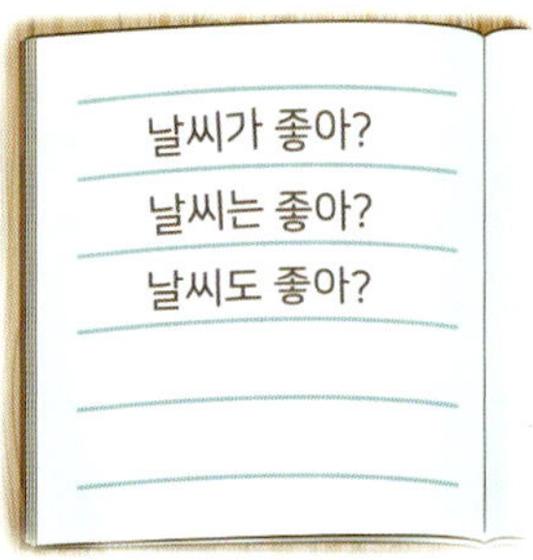


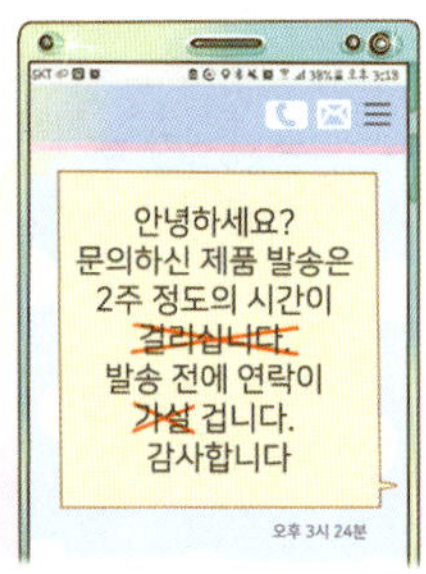


- 한국어 학습에서 가장 힘들었던 점은 무엇입니까?
- 한국어의 가장 큰 특징은 무엇이라고 생각합니까?

표현해 봅시다

## 1 보기 와 같이 이야기해 봅시다.

| 단어 | 의미 |
|---|---|
| 보기 신조어 | 시대의 변화에 따라 새로운 것들을 표현하기 위해서 새롭게 만들어진 말 |
| 예 | • 혼밥: 혼자 밥을 먹는 행동 또는 혼자 먹는 밥<br>• 여사친: '여자 사람 친구'의 줄임말, 연인 관계가 아닌 친구 사이로 지내는 여자를 말함.<br>• 열공: '열심히 공부하다'의 줄임말 |

| ① 한국어의 높임법 | 말하는 사람이 어떤 대상에 대하여 높임의 태도를 나타내는 문법 기능 |
|---|---|
| 예 | • 문장의 주어에 따라서 높임법이 달라진다.<br>윗사람이 주어일 때: "할아버지께서 은행에 가십니다."<br>아랫사람이 주어일 때: "동생이 은행에 갑니다."<br>• 상대에 따라 높여 써야 하는 특별한 명사가 있다.<br>생일-생신, 나이-연세, 집-댁 등 |

| ② 은어 | 어떤 계층이나 특정 부류의 사람들이 다른 사람들은 알아듣지 못하도록 자기네 구성원들끼리만 사용하는 말 |
|---|---|
| 예 | • 꼰대: 학생들의 은어로 '선생님' 또는 '늙은이', 최근에는 기성세대 중 자신의 경험을 일반화해서 자신보다 지위가 낮거나 나이가 어린 사람에게 일방적으로 강요하는 사람을 가리키는 말로 쓰인다.<br>• 짭새: 범죄자들의 은어로 '경찰관'을 뜻한다.<br>• 깔세: 부동산 은어로 임대 기간만큼의 임대료를 한꺼번에 선지급하는 월세 방식을 말한다. |

| ③ 사교육 | 공교육에 반대되는 개념으로 국가가 관리하는 교육 기관 밖에서 개인이 비용을 부담하여 받는 교육 |
|---|---|
| 예 | • 외국어나 악기를 배우기 위해서 돈을 내고 학원에 가거나 과외를 받는다.<br>• 학교 교육을 보충하거나 실력을 향상시키기 위해서 학원에 가거나 과외를 받는다. |

보기

**에릭:** 우진 씨, 신조어에 대해서 잘 알아요? 신조어에 대해서 알려 줄 수 있어요?

**우진:** 신조어란 시대의 변화에 따라 새로운 것들을 표현하기 위해서 새롭게 만들어진 말을 의미해요.

**에릭:** 예를 들어서 설명해 줄 수 있나요?

**우진:** 그럼요. 예를 들어서 '혼밥'은 '혼자 밥을 먹는다'라는 뜻이에요.

**에릭:** 예를 하나만 더 들어 줄래요?

**우진:** 혹시 '여사친', '열공' 같은 단어를 들어 봤어요?

**에릭:** '여사친'은 여자 사람 친구라는 뜻이지요? 그런데 '열공'은 무슨 뜻이에요?

**우진:** '열심히 공부하다'의 줄임말이에요.

**에릭:** 아, 그렇군요. 그럼 신조어는 만드는 방법에 따라서 몇 종류로 분류할 수 있어요?

연배　특정　임대　선지급

## 2 표현을 익혀 봅시다.

**도움말**

어떤 말 또는 사물의 뜻을 명확히 밝혀 범위를 한정하거나 새로운 개념을 소개할 때 '정의하기' 방식을 사용한다. 그리고 대상을 일정한 기준이나 공통되는 특징에 따라 종류별로 분류하여 설명하면 이해에 도움이 된다.

| | |
|---|---|
| 정의하기 | • 주체 높임법**이란** 말하는 사람이 문장의 주어(주체)를 높이는 방법**을 말합니다.**<br>• 어감**이란** 말소리나 말투의 차이에 따른 느낌과 맛**을 일컫습니다.**<br>• 비속어**란** 예절에 어긋나게 대상을 낮추어 상스럽게 하는 말**을 의미합니다.**<br>• 문학**이란** 언어를 통하여 사상과 감정을 표현하는 예술**을 뜻합니다.**<br>• 증강 현실**이란** 실제로 존재하는 사물이나 환경에 가상의 사물이나 환경을 덧입혀서 마치 실제로 존재하는 것처럼 보여 주는 기술 또는 그러한 기술로 만들어진 현실**을 가리킵니다.** |
| 분류하기 | • 한국어의 높임법은 높이거나 낮추는 대상**에 따라서** 세 가지**로 나눌 수 있습니다.**<br>• 문학의 종류**에는** 시, 소설, 수필 **그리고** 희곡**이 있습니다.**<br>• 한글**은** 모음**과** 자음**으로 나뉩니다.**<br>• 안락사**는** 죽음에 이르게 하는 수단**에 따라** 적극적 안락사**와** 소극적 안락사**로 분류됩니다.**<br>• 고통**은** 네 가지 종류**로 구분할 수 있습니다. 첫째는** 육체적 고통, **둘째**는 정신적 고통, **셋째**는 사회적 고통 **그리고 마지막으로** 영혼의 고통**이 있습니다.** |

## 3 보기 와 같이 분류해서 이야기해 봅시다.

| | 분류 기준 | 분류 | 예 |
|---|---|---|---|
| 보기 신조어 | 만드는 방법 | 축약어: 단어 또는 문장의 길이를 줄여서 만듦. | 얼죽아, 졌잘싸, 내로남불, 낄끼빠빠 등 |
| | | 합성어: 기존에 있는 단어 두 가지 이상을 합해서 만듦. | 금손, 똥손, 웃프다, 꿀잠 등 |
| | | 파생어: 기존에 있는 단어 및 용어에 접두사 또는 접미사 등을 붙여서 만듦. | 파이어족, 캠핑족, 찐사랑, 찐우정 등 |

어감 상스럽다 증강 현실 덧입히다 안락사 합성어 파생어 접두사 접미사

| | 분류 기준 | 분류 | 예 |
|---|---|---|---|
| ① 한국어의 높임법 | 높이거나 낮추는 대상 | 주체 높임법: 말하는 사람이 문장의 주어(주체)를 높이는 방법 | 할아버지께서 은행에 가십니다. |
| | | 객체 높임법: 말하는 사람이 문장의 목적어 또는 부사어가 지시하는 대상을 높이는 방법 | 제가 아버지께 선물을 드렸습니다. |
| | | 상대 높임법: 말하는 사람이 듣는 사람에 대하여 높이거나 낮추어 말하는 방법 | 저는 학교에 가요.<br>나는 학교에 가. |
| ② 재활용 쓰레기 | 쓰레기 재질 | 종이류: 종이로 분류될 수 있는 종류 | 신문, 잡지, 우유갑, 과자 상자 등 |
| | | 플라스틱류: 플라스틱으로 분류될 수 있는 종류 | 간장 통, 식용유 통, 페트병 등 |
| | | 빈 병류: 내용물이 없는 빈 유리병의 종류 | 음료수병, 주스 병, 화장품 병 등 |
| ③ 재난 | 발생 원인 | 사회 재난: 부주의나 고의, 기술상의 문제 등의 이유로 발생한 재난 | 화재, 건물 붕괴, 폭발, 교통사고, 환경 오염 사고 등 |
| | | 자연 재난: 자연 현상으로 인하여 발생하는 재난 | 태풍, 홍수, 폭설, 산사태 등 |

보기

**에릭:** 우진 씨, 궁금한 게 있는데요. 신조어를 어떻게 분류해 볼 수 있을까요?

**우진:** 분류 기준에 따라서 조금씩 달라질 수 있어요. 만드는 방법**에 따라서** 축약어, 합성어, 파생어**로 나눠 볼 수 있어요.** 축약어 신조어**란** 단어 또는 문장의 길이를 줄여서 만든 신조어**를 말해요.** 예를 들어서 '얼죽아', '졌잘싸', '내로남불' 그리고 '낄끼빠빠' 등이 있고요.

**에릭:** 그럼 합성어 신조어**란** 단어와 단어를 합해서 만든 것이겠군요?

**우진:** 네, 합성어 신조어의 예를 들면 '금손', '똥손', '웃프다', '꿀잠' 같은 게 **있어요.**

**에릭:** 파생어 신조어에 대해서도 좀 설명해 주세요.

**우진:** 파생어 신조어**에는** '파이어족', '캠핑족', '찐사랑', '찐우정' 등이 **있는데** 기존에 있는 단어나 용어에 접두사나 접미사 등을 붙여서 만들어요.

**에릭:** 우진 씨의 설명을 듣고 보니까 신조어를 분류하는 것이 쉽지 않네요.

객체 고의 붕괴 산사태

# 말하기2

## Ⅱ. 표현해 봅시다

**1** 보기 와 같이 이야기해 봅시다.

| 보기 | 한국어 | 중국어 |
|---|---|---|
| 궁금한 점 | 한국어와 중국어는 무엇이 비슷하고 무엇이 다를까? | |
| 공통점 | • 한자 문화권에 속한 언어이다.<br>• 비슷한 의미의 한자 단어가 많다. | |

| ① | 한국어 | 조선어 |
|---|---|---|
| 궁금한 점 | 한국에서 사용하는 한국어와 북한에서 사용하는 조선어는 무엇이 비슷하고 무엇이 다를까? | |
| 공통점 | • 한국어와 조선어 모두 한글을 공통으로 사용한다.<br>• 기초적인 어휘는 남북 간의 차이가 거의 없다. | |

| ② | 이서울 국회 의원 | 정연세 국회 의원 |
|---|---|---|
| 궁금한 점 | 두 국회 의원의 부동산 정책은 무엇이 비슷하고 무엇이 다를까? | |
| 공통점 | • 부동산 시장의 안정을 위해서 주택 공급을 확대하겠다.<br>• 5년 안에 250만 가구를 새로 공급할 계획이다. | |

| ③ | 게임 | 스포츠 |
|---|---|---|
| 궁금한 점 | 일상생활을 하면서 자주 사용하는 두 단어는 무엇이 비슷하고 무엇이 다를까? | |
| 공통점 | • 스트레스 해소, 해방감, 대리 만족, 쾌감 등을 느낄 수 있다.<br>• 승자와 패자로 명확하게 구별되며 결과를 예측하기 어렵다. | |

보기

**리타오:** 6급까지 한국어 공부를 하면서 모국어인 중국어와 한국어가 무엇이 비슷하고 무엇이 다른지 많이 궁금했습니다. 그래서 오늘 발표에서는 한국어와 중국어의 공통점이 무엇인지 비교해 보겠습니다. 한국어는 중국어와 마찬가지로 한자 문화권에 속한 동양의 언어입니다. 중국에서는 한자를 사용하고 한국에서도 한자를 사용한 단어들이 많기 때문에 비슷한 의미의 단어가 많습니다. 그래서 한국 사람이 중국어를 배울 때 다른 나라의 언어를 배우는 것보다 조금 더 쉽게 배울 수 있다고 생각합니다. 다음은 한국어와 중국어의 차이점에 대해서 설명을 드리겠습니다.

한자 문화권 해방감 대리 만족 쾌감 승자

## 2 표현을 익혀 봅시다.

**도움말**

둘 이상의 것을 함께 놓고 설명할 때 공통점을 중심으로 설명하는 방법과 차이점을 중심으로 설명하는 방법이 있다.

| | |
|---|---|
| 공통점 설명하기 | • 한국어**와** 조선어**는** 한글을 사용한**다는 공통점이 있습니다.**<br>• 의성어**는** 의태어**와 마찬가지로** 표현을 풍부하게 만들어 준**다는 점이 같습니다.**<br>• 신문**과** 잡지**는** 인쇄 매체**라는 점이 같습니다.**<br>• 세계자연기금(World Wide Fund for Nature)**과** 그린피스(Greenpeace)**는** 환경 보호를 목표로 국제적인 활동을 벌이는 단체**라는 점에서 유사한 점이 있습니다.**<br>• 떡볶이**는** 김밥**과 마찬가지로** 한국 사람들이 즐겨 먹는 분식입니다. |
| 차이점 설명하기 | • 한국어**와 달리** 조선어는 두음 법칙을 따르**지 않습니다.**<br>• 막걸리**는** 발효주**인 반면에** 보드카는 증류주**입니다.**<br>• 비교**는** 대상 사이의 공통점을 중심으로 설명하**는 데 반해** 대조**는** 차이점을 중심으로 설명합니다.<br>• 인터넷**은** 뉴 미디어 매체**라는 면에서** 텔레비전**과 차이점이 있습니다.**<br>• 도시**는** 인구가 증가하**는 데 반해서** 시골**은** 오히려 감소하고 있습니다. |

## 3 보기 와 같이 이야기해 봅시다.

| 보기 | | 한국어 | 중국어 |
|---|---|---|---|
| 공통점 | 한자 문화권에 속한 언어여서 같거나 비슷한 의미의 한자 단어가 많다. | | |
| 차이점 | 1) | 문장의 순서가 〈주어+목적어+서술어〉이다. | 문장의 순서가 〈주어+서술어+목적어〉이다. |
| | 2) | 높임법이 다양하게 발달했다. | 높임법이 다양하지 않다. |
| | 3) | 성조가 없다. | 성조가 있다. |

두음 법칙 증류주

| 1 | | 한국어 | 조선어 |
|---|---|---|---|
| 공통점 | | 높임법의 형태가 다양하고 비슷한 뜻을 가진 형용사 어휘가 많다. | |
| 차이점 | 1) | 두음 법칙을 따른다.<br>예) 여자, 연세, 양심…… | 두음 법칙을 따르지 않는다.<br>예) 녀자, 년세, 량심…… |
| | 2) | 사이시옷을 표기한다<br>예) 나뭇잎, 이삿짐, 바닷가…… | 사이시옷을 표기하지 않는다.<br>예) 나무잎, 이사짐, 바다가…… |
| | 3) | 외래어를 그대로 차용하는 경우가 많다.<br>예) 골키퍼, 노크, 파마, 주스…… | 외래어를 순화해서 사용한다.<br>예) 문지기, 손기척, 볶음머리, 과일물…… |

| 2 | | 이서울 국회 의원의 부동산 정책 | 정연세 국회 의원의 부동산 정책 |
|---|---|---|---|
| 공통점 | | 노후 아파트의 재건축을 활성화하겠다. | |
| 차이점 | 1) | 정부 주도로 부동산 시장을 개발하겠다. | 민간 주도로 부동산 시장을 개발하겠다. |
| | 2) | 부동산 시장의 안정을 위해서 부동산 규제 강화가 필요하다. | 부동산 활성화를 위해서 규제를 완화해야 한다. |
| | 3) | 장애인, 한부모 가족, 다자녀 가족을 대상으로 임대 주택 공급을 확대하겠다. | 청년, 예비 신혼부부를 대상으로 임대 주택 공급을 확대하겠다. |

| 3 | | 현지에서 외국어 공부를 한다. | 고향에서 외국어 공부를 한다. |
|---|---|---|---|
| 공통점 | | 한 나라의 언어를 습득하고 그 나라의 문화를 이해할 수 있다. | |
| 차이점 | 1) | 원어민 선생님과 공부할 수 있다. | 원어민 선생님과 공부할 기회가 많지 않다. |
| | 2) | 현지인들과 직접 접촉할 기회가 많고 현지 문화를 직접 접할 수 있다. | 현지인들과 접촉할 기회가 적고 현지 문화를 직접 접할 수 없다. |
| | 3) | 거주비, 생활비 등 체류 비용이 많이 든다. | 비교적 저렴한 비용으로 공부를 할 수 있다. |

성조 차용하다 순화하다 임대 주택 원어민 현지인 습득

보기

**리타오:** 앞에서 말씀드렸다시피 한국어**와** 중국어는 한자 문화권에 속한 언어라서 비슷한 의미의 한자 어휘가 많**다는 공통점이** 있었습니다.

지금부터는 한국어와 중국어의 차이점에 대해서 말씀드리겠습니다. 첫째, 두 언어는 문장의 순서가 다릅니다. 한국어의 문장 순서**가** 〈주어+목적어+서술어〉**인 것과 달리** 중국어의 문장 순서는 〈주어+서술어+목적어〉**입니다.** 한국어로 "나는 밥을 먹는다"가 중국어로는 "我(나) 吃(먹다) 饭(밥)"이라고 표현됩니다. 둘째, 중국어**는** 성조가 **있다는 면에서** 한국어**와 차이점이 있습니다.** 셋째, 한국어는 높임법이 다양하게 발달**한 데 비해서** 중국어**는** 높임법이 다양하지 않습니다.

이와 같이 한국어와 중국어는 비슷한 점도 있지만 차이점도 많습니다.

정리해 봅시다

자신의 모국어 특징과 반 친구들의 모국어 특징을 살펴보고 공통점과 차이점을 이야기해 봅시다.

# 02과

## 언론과 표현의 자유

• 학습 목표: 공감, 해명하는 댓글과 가상의 신문 기사를 쓸 수 있다.

### Ⅰ. 준비해 봅시다

- 여러분 나라에 가짜 뉴스의 피해 사례가 있습니까?
- 공공의 이익을 위해서 표현의 자유를 제한해도 된다고 생각합니까?

## 쓰기1

표현해 봅시다

1 보기 와 같이 댓글을 써 봅시다.

보기

**세연일보**

뉴스홈 | 다시보기 | 포토뉴스 영상구성 랭킹 APP

속보 | 정치 | 경제 | 사회 | 국제 | 문화 | 연예 | 스포츠 | 날씨

시청자와 함께 만드는 뉴스! 여러분의 생생한 제보를 기다립니다!

### 인터넷 매체 '뉴스24' 가짜 뉴스 유포해 200만 원 벌금 선고 받아

안내› 여러분의 생생한 제보를 기다리고 있습니다. URL 줄이기 글자크기 + −

인터넷 매체 '뉴스24'가 가짜 뉴스 유포에 따른 명예 훼손으로 대법원으로부터 벌금 200만 원을 선고받았다. 인터넷 매체 '뉴스24'는 지난 18일 김장환 국회 의원에 대한 유언비어를 사실인 양 방송한 것으로 드러났다.

| 좋아요 | 감동적이에요 | 슬퍼요 | 화나요 | 답답해요 |
|---|---|---|---|---|
| 14 | 5 | 2 | 121 | 40 |

이 기사를 추천합니다. 41

**ssh815****\
정말 답답하네요. 공정해야 할 언론 매체가 가짜 뉴스라니요? 벌금을 선고받는 건 당연한 일이라고 생각해요.

**hjs070****\
맞아요, 아무리 구독률이 중요해도 가짜 뉴스를 진짜인 양 유포하면 안 되지요.

**bcl301****\
이번 일을 거울삼아 매체들이 반성하고 진정성 있는 뉴스를 만들었으면 좋겠어요.

선고 유언비어 공정 진정성

### ❶ 이번 달 10일부터 인터넷상의 모든 동영상은 불법 촬영물인지 확인 절차 거쳐

안내 ▸ 여러분의 생생한 제보를 기다리고 있습니다. URL 줄이기 글자크기 + −

앞으로 불법 촬영물 유통을 막기 위해서 인터넷상에 올리는 모든 동영상은 불법 촬영물인지 확인하는 과정을 거치게 된다. 하지만 문제가 되었던 해외 사이트는 대상에서 제외돼 논란이 되고 있다.

**snt111******
정말 이해할 수가 없네요. 문제가 됐던 그 촬영물은 제외된다니요? 해외에 있는 사이트라서 그런 거예요?

**lsy777******
그러게요, 정말 답답하군요. ______________________________

______________________________

**kmk28******
______________________________

______________________________

### ❷ 위독한 엄마에게 간 기증한 대학생 딸, 건강을 되찾은 이 모 씨 "반드시 좋은 엄마 될게."

안내 ▸ 여러분의 생생한 제보를 기다리고 있습니다. URL 줄이기 글자크기 + −

세브란스 병원 외과 간 이식 팀은 간경화로 투병 중이던 48살 여성 이 모 씨의 생체 간 이식 수술을 성공적으로 마쳤다고 17일 밝혔다. 이 모 씨는 생명이 위독한 상태에서 딸의 간을 기증받아 건강을 되찾았다. 이 모 씨는 딸의 간 기증을 단호하게 거부했지만 엄마 없이 살 수 없다는 딸의 결정을 꺾을 수 없었다.

**loveU82******
아, 눈물이 나요. 갑자기 엄마가 보고 싶네요.

**sky77******
______________________________

______________________________

**jny1117******
______________________________

______________________________

위독하다　이식　간경화　투병　생체　단호하다

### ❸ 음주 단속 나온 경찰 목 조른 10대들 "나 촉법소년이야."

안내 › 여러분의 생생한 제보를 기다리고 있습니다. URL 줄이기 글자크기 + −

지난 21일 술집에서 술을 마시던 10대 미성년자들이 단속을 나온 경찰관들에게 폭력을 휘둘렀다. 이들은 '10세 이상 14세 미만 소년'은 형사 처벌을 받지 않는다는 사실을 알고 이러한 행동을 한 것으로 보인다.

bts1****

______________________________

______________________________

ljs0208****

______________________________

______________________________

oks0602****

______________________________

______________________________

목을 조르다　촉법소년　단속　휘두르다　형사 처벌

## 2 표현을 익혀 봅시다.

**도움말**

인터넷 게시판이나 인터넷 기사에 댓글을 달 때에는 근거 없는 내용이나 혐오 또는 차별이 담긴 글을 쓰지 않는 것이 좋다. 그리고 대화를 할 때처럼 예절을 지키며 상대방을 배려하고 있는지 스스로 점검해 보는 것이 바람직하다.

해명하는 글을 쓸 때에는 먼저 문제를 일으킨 것에 대해 사과를 하는 것이 좋다. 그리고 해명을 할 때에는 어떤 변명이나 핑계를 대지 말고 사실 그대로를 설명하는 것이 중요하다. 또한 추후 재발 방지를 약속해야 한다.

| | |
|---|---|
| 댓글 쓰기 | • 저 역시 이런 상황은 아무리 생각해 봐도 **이해할 수가 없네요.**<br>• 어떻게 이런 일이 있을 수 있는지 **정말 답답하고 화가 나요.**<br>• 네, 저도 **가슴이 뭉클해지면서 감동을 받았어요.**<br>• **마음이 따뜻해지는 훈훈한 글입니다.**<br>• **오래간만에 좋은 글을 읽었습니다.** |
| 해명 글 쓰기 | • 사실이 아닙니다. 저는 **절대 그런 일을 하지 않았습니다/절대 그런 사람이 아닙니다.**<br>• **이번 일은 제 생각이 많이 짧아서 저지른 경솔한 행동이었습니다.** 많은 분들께 **걱정을 끼쳐 드린 점/실망을 드린 점 사죄드립니다.**<br>• 진행자로서 **미처** 공과 사를 구분하**지 못했기 때문에 벌어진 일입니다.** 출연자와 친하**다는 이유만으로** 방송에서 선을 넘어 진행**했음을 인정합니다.**<br>• 진상을 명명백백히 밝혀 **책임자를 처벌하겠습니다/마땅한 처벌을 받겠습니다.**<br>• 이런 일이 왜 발생했는지 철저히 조사하고 **다시는 이런 일이 없도록/재발하지 않도록 앞으로 좀 더 조심하겠습니다.** |

근거 뭉클해지다 훈훈하다 경솔하다 명명백백히

## 3 보기 와 같이 해명하는 댓글을 써 봅시다.

### 보기 인터넷 매체 '뉴스24' 가짜 뉴스 유포, 200만 원 벌금 선고받아

뉴스24

내 인생의 1면, 여기에서 만드세요 >

yhh9023
인터넷 언론 매체에서 가짜 뉴스라니요? 부끄러운 줄 아십시오!

↳ editor_news24
안녕하십니까? 인터넷 매체 "뉴스24"의 편집국장입니다. **우선 이번 일로 많은 분들께 걱정을 끼쳐 드린 점 사죄드립니다. 그런데** 이번에 문제가 된 기사는 그 내용이 주요 일간지에 이미 게재되어서 사실 확인이 따로 필요하지 않다고 오판하여 **제대로** 검증을 하지 못했**기 때문에 벌어진 일입니다.** 하지만 인터넷 매체로서 책임을 다하지 못했음을 인정합니다. **이번 사태에 대해서 철저히 조사하고 규명하겠습니다.** 그리고 **다시는 이런 일이 재발하지 않도록 앞으로** 뉴스 제작에 **더욱 신경 쓰고 조심하도록 하겠습니다. 다시 한 번 사죄의 말씀드립니다.**

### ① 방송인 김선미 개인 인터넷 방송에서 뒷광고 논란

김선미 | 뷰티 메이크업
구독자 20만 명
▶ 구독중

lbr1225
그동안 김선미 씨의 방송을 정말 좋아하고 즐겨 봤는데 방송에서 소개해 주셨던 제품들 모두 직접 산 물건이 아니라 광고나 협찬으로 받은 물건이었다면서요? 모든 것이 거짓말이었다니 정말 실망스럽네요.

↳ sm_kim
**이번 일은 제 생각이 짧아서 저지른 경솔한 행동이었습니다.** 고개 숙여 사과를 드립니다. 돌이킬 수 없는 잘못을 인정합니다. 제 인터넷 방송은 부족한 점이 있었지만 제가 갖고 있는 지식과 정보를 공유하고 인터넷 방송 시청자들과 서로 소통하면서 함께 만들어 나가는 방송이었습니다. 처음 시작하면서 잘해 보려는 욕심만 앞섰고 방송 광고 관련 지침에 대해서 **제대로** 숙지하지 못했**기 때문에 벌어진 일입니다.**

____________________

____________________

사죄드리다 규명하다 협찬 지침 숙지하다

## ❷ 꼬꼬 치킨, 배달 지연으로 인한 고객 불만

꼬꼬 치킨 홍대점

메뉴 정보 **리뷰**

**chicken_hunter**
꼬꼬 치킨 바삭하고 맛있어서 정말 자주 시켜 먹는데 오늘은 너무 튀겨졌는지 기름기가 많았어요. 게다가 주문한 지 1시간 반 만에 치킨이 도착해서 다 식어버리고 눅눅했어요. 그리고 샐러드 넉넉히 보내 달라고 부탁드렸는데 아예 빠뜨리셨더라고요. 실망이네요.

**sm_kim**
chicken_hunter 님, 죄송합니다. 갑자기 쏟아진 폭우로 인해 오늘 배달이 많이 지연됐습니다.

## ❸ 요즘 뜨는 신인 배우 박웅, 고등학교 시절 학교 폭력 의혹

댓글

**pw_lover** 오빠, 아니죠? 오늘 기사 보고 너무 깜짝 놀랐어요. 오빠가 학교 폭력이라니요, 저는 믿을 수 없어요.

1시간 답글 달기 보내기

**woong_park**

지연되다 눅눅하다

I. 표현해 봅시다

1 신문 기사의 제목과 기사 사진을 보고 보기 와 같이 가상 기사의 첫 문장을 써 봅시다.

## 한국일보

오피니언 정치 경제 국제 사회 문화 연예 스포츠 매거진

**보기 장례식장 몰래 촬영한 기자, 추락한 기자 정신**
-때와 장소를 가리지 않고 촬영하는 기자에 비난 쏟아져-

요즘 취재 경쟁이 치열해지면서 때와 장소를 가리지 않고 장례식장까지 들어가서 촬영한 기자에게 비난이 쏟아지고 있다.

## 대한 신문

오피니언 정치 경제 국제 사회 문화 연예 스포츠 매거진

**① 유명 가수 유아영, 악의적 비방한 네티즌 고소**
-악성 게시물에 대해 법적 대응하는 유명인 늘어-

악의적 악성 게시물 비방 비하

## 겨레일보

오피니언 정치 경제 국제 사회 문화 연예 스포츠 매거진

### ❷ 게임기 사는 대신 기부한 천사 형제

-불우 이웃을 돕는 사랑의 손길 이어져-

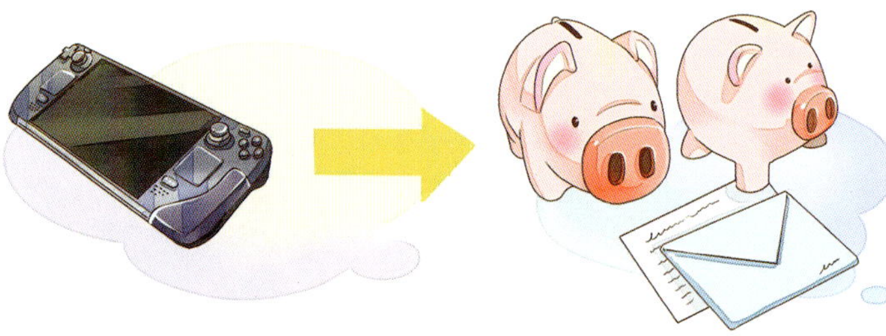

## 뉴스24

오피니언 정치 경제 국제 사회 문화 연예 스포츠 매거진

### ❸ 시민들 힘 모아 길에서 쓰러진 70대 노인 살려

-위기 상황에서 빛난 시민들의 온정-

## 2 표현을 익혀 봅시다.

**도움말**

기사를 대표하는 것은 제목이다. 그 기사를 읽을지 말지를 판단하는 결정적인 요소가 바로 제목이기 때문이다. 제목은 내용을 요약하거나 내용 전체를 포괄하여 구성해야 하며 조사는 사용하지 않는 것이 일반적이다. 주 제목에 부제목 1~2개 정도를 추가할 수 있다.

기사 내용은 독자들이 빠른 시간 내에 정확하게 이해할 수 있도록 쉽고 간결하게 쓰는 것이 가장 중요하다. 또한 감정을 배제하고 객관적으로 써야 한다. 그리고 기사 본문에는 '누가, 언제, 어디서, 무엇을, 어떻게, 왜' 했는지를 분명하게 밝혀야 한다. 기사의 객관성과 전문성을 확보하기 위해서 인터뷰 내용을 담기도 한다.

| 해명 글 쓰기 | |
|---|---|
| | • **최근** 일부 네티즌들의 악의적인 비방이 심해지자 악성 게시물을 작성하는 네티즌들을 대상으로 법적 대응에 나서는 유명인들**이 늘고 있다.**<br>• 신촌의 한 고등학교 학생들이 헌혈하고 받은 헌혈 증서를 백혈병 소아암 어린이들에게 기증해 **화제가 되고 있다/훈훈한 감동을 주고 있다.**<br>• 유명 배우의 장례식장에서 기자가 카메라를 몰래 숨겨서 촬영해 **사회적인 문제가 되고 있다/논란이 되고 있다/비난이 쏟아지고 있다.**<br>• **설문 조사 결과에 따르면** 전체 응답자의 76.8%가 기부 활동의 경험이 있**다고 응답했다/밝혔다/말했다.**<br>• 김규섭 의원은 "개발이 무조건 다 좋은 건 아니다."**라고 지적했다/강조했다/꼬집었다.**<br>• **이후/추후/향후/앞으로** 한국의 경제가 성장세를 보**일 전망이다/**보**일 것으로 예상된다.**<br>• **다만** 필요한 경우에는 정부 예산을 추가할 것**이라고 덧붙였다.** |

헌혈 백혈병 꼬집다

## 3 보기 와 같이 기사를 써 봅시다.

보기

| | |
|---|---|
| 언제 | 지난달 30일 |
| 어디에서 | 유명 배우 한미모 씨의 장례식장 |
| 누가 | A 방송국 김 모 기자 |
| 내용 | 빈소에서 카메라 몰래 숨겨 슬픔에 잠긴 유가족들의 모습 촬영……, 방송 내보내…….<br>기자의 비윤리적인 취재 방식 도마 위에 올라…….<br>박춘섭 교수 "장례식장 공적 영역이 아닌 사적 영역……, 사적 영역에서는 대상이 누구이든 사생활 보호가 이루어져야……."<br>"방송사의 공적 책임은 시청률이나 수익보다 우선시되어야……." |

### 장례식장 몰래 촬영한 기자, 추락한 기자 정신

-때와 장소를 가리지 않고 촬영하는 기자에 비난 쏟아져-

요즘 취재 경쟁이 치열해지면서 때와 장소를 가리지 않고 장례식장까지 들어와 촬영한 기자에게 비난이 쏟아지고 있다.

지난달 30일 유명 배우 고(故) 한미모 씨의 빈소에서 A 방송국 김 모 기자가 카메라를 몰래 숨겨서 촬영해 **논란이 되고 있다.** 한미모 씨의 갑작스러운 죽음으로 슬픔에 빠진 유가족들의 모습을 그대로 방송에 내보낸 김 기자의 비윤리적인 취재 방식이 도마 위에 올랐다.

한국대 신문방송학과 박춘섭 교수는 "장례식장은 공적 영역이 아닌 사적 영역이며 사적 영역에서는 대상이 누구이든 사생활 보호가 이루어져야 한다."**라고 지적했다.** 또한 방송사의 공적 책임은 언제나 시청률이나 수익보다 우선시되어야 한**다고 덧붙였다.**

비윤리적　취재　도마 위에 오르다

1

| 언제 | 어제 오후 4시 |
|---|---|
| 어디에서 | 강남의 한 기자회장 |
| 누가 | 유명 가수 유아영 |
| 내용 | 소속사 관계자 "악성 게시물 상당히 심각한 수준, 수집된 자료 모아 수사 기관에 고소장 제출……."<br>팬 카페 회장 김 모 씨 "악성 댓글을 단 네티즌의 닉네임과 작성한 게시물 이미 확보……, 앞으로도 계속 자료를……."<br>소속사 대표 "합의나 선처 없이 엄중하게 법적 대응할 예정……."<br>앞으로 악성 게시물에 대한 고소가 더욱더 증가할 것으로 전망됨. |

## 유명 가수 유아영, 악의적 비방한 네티즌 고소

-악성 게시물에 대해 법적 대응하는 유명인 늘어-

최근 일부 네티즌들의 악의적인 비방이 심해지자 악성 게시물을 작성하는 네티즌들을 대상으로 법적 대응에 나서는 유명인들이 늘고 있다.

소속사 관계자 **말에 따르면** 그동안 팬들이 보내 준 제보를 토대로 악성 게시물이 상당히 심각한 수준이라고 판단하고 수집된 자료를 모아 수사 기관에 고소장을 제출했**다고 밝혔다. 또한** 팬 카페의 회장 김 모 씨는 이미 악성 댓글을 단 네티즌의 닉네임과 작성한 게시물을 확보했으며 앞으로도 계속 자료를 모**을 것이라고 밝혔다.** 소속사 대표는 합의나 선처 없이 엄중하게 법적 대응을 할 예정이**라고 덧붙였다. 앞으로** 이번 일을 계기로 악성 게시물에 대한 연예인들의 고소가 더욱더 증가**할 것으로 전망된다.**

선처　엄중하다　전망　제보

2

| 언제 | 지난 25일 오후 5시경 |
|---|---|
| 어디에서 | 인천시 서구 한 경찰서 앞 |
| 누가 | 초등학생 2명 |
| 내용 | 경찰 관계자 "종이 가방 안에 돼지 저금통 2개와 손 편지 1장이……, 저금통에는 100만 2400원……."<br>편지에는 "게임기 사려고 모은 동전……, 어려운 이웃을 위해서……."<br>두 어린이, 근처 초등학교에 다니는 4학년, 6학년 형제로 밝혀져…….<br>경찰서장 "두 형제에게 표창장 줄 계획……."<br>힘든 시기이지만 '얼굴 없는 천사'들의 따뜻한 손길 이어져……. |

## 게임기 사는 대신 기부한 천사 형제

-불우 이웃을 돕는 사랑의 손길 이어져-

연말을 맞아 불우 이웃을 돕는 사랑의 손길이 이어지고 있는 가운데 어린 천사 형제가 게임기를 사는 대신 그 돈을 기부해 화제가 되고 있다.

지난 25일 오후 5시경 인천시 서구 한 경찰서 앞에 초등학생 두 명이 어려운 사람을 위해 써 달라며 100만 원이 넘는 돈을 기부해 훈훈한 감동을 주고 있다. 경찰 관계자는 종이 가방 안에는 돼지 저금통 2개와 손 편지 1장이 들어 있**었다고 밝혔다.** 저금통 안에는 100만 2400원이 들어 있었고 편지에는 게임기를 사려고 모은 동전이지만 어려운 이웃을 위해서 써 달라고 적혀 있었**다고 한다.**

손 편지 표창장

3

| 언제 | 지난 7일 오후 7시 30분 |
| --- | --- |
| 어디에서 | 서울의 신촌 거리 |
| 누가 | 길을 가던 70대 노인 |
| 내용 | 70대 노인 추위에 의식을 잃고 쓰러져……. <br> 지나가던 시민, 자신의 옷 덮어 줘……. <br> 지나가던 학생 박 모 군, 학교에서 배운 심폐 소생술 시행……. <br> 근처 가게 사장, 119 신고……, 응급차 올 때까지 모두들 자리 지켜……. <br> 병원 관계자 "노인, 현재 안정된 상태로 병원 치료 중……." <br> 신촌 소방서 관계자 "급박한 심정지 상황에서 초기 심폐 소생술 매우 중요해……." |

**시민들 힘 모아 길에서 쓰러진 70대 노인 살려**

-위기 상황에서 빛난 시민들의 온정-

주변을 걸어가던 시민들이 갑자기 의식을 잃고 쓰러진 노인을 구해 화제가 되고 있다.

정리해 봅시다

최근에 본 신문 기사를 읽고 그 내용을 요약해서 발표해 봅시다.

심폐 소생술　시행하다　급박하다　심정지

## 복습

**1** 두 신문 사설 내용의 공통점과 차이점을 써 봅시다.

**[연세일보 사설] 최저 임금 갈등 해결 위해, 정부·국회 사활 걸어라**

내년도 최저 임금 인상이 10.9%로 결정됐다. 두 해 연속 두 자릿수 인상이 현실화된 것이다. 하지만 노동계는 노동계대로, 소상공인들은 소상공인대로 반발이 크다. 16.4%가 올랐던 지난해보다 갈등이 더 심화됐다. 정부와 국회는 갈등을 해결하기 위해서 구조 개선에 사활을 걸어야 한다. 우선 사업자가 임금 인상을 감당할 수 있도록 제도적·구조적 대책을 내놓아야 하며 노동계의 이해를 구하는 등의 방법이 절실히 요구된다.

**[서울일보 사설] 대통령이 최저 임금 1만 원 공약 내려놓고 대국민 설득해야**

최저 임금이 작년에 이어 올해까지 2년간 29%나 급등했다. 많은 중소 기업과 영세 자영업자들은 경영의 어려움을 호소하며 지금의 최저 임금도 감당할 여력이 없다며 반발하고 있다. 올해의 경제 성장 3% 달성도 불확실한 상황에서 임금 상승 적용 대상 근로자가 500만 명이나 된다는 사실은 급격한 최저 임금 상승의 비현실성을 말해 주고 있다. 대선 공약에서 비롯된 문제는 대통령이 풀 수밖에 없다. 최저 임금 1만 원 공약을 내려놓고 대국민 설득에 나서야 할 때다.

| 공통점 | | |
|---|---|---|
| 차이점 | 연세일보 | |
| | 서울일보 | |

**2** 위의 내용을 가지고 이야기해 봅시다.

내년도 최저 임금 사활을 걸다 소상공인 감당하다 공약

문화

# 검열의 시대

믿기 어렵겠지만 1970년대만 해도 한국에서 남자들은 긴 머리 스타일로 거리를 누비지 못했으며 여성들은 밖에서 미니스커트를 입고 다니지 못했다. 건전한 사회 분위기를 조성한다는 이유로 경찰들이 '장발족'들을 대로에 줄 세워 놓고 가위질을 했고 길거리를 지나가는 여성들의 치마 길이가 짧아 보이면 자로 재서 무릎 위 20센티미터(cm) 이상은 벌금을 내게 하는 등의 단속을 했다.

그뿐만이 아니었다. 소설과 영화에 대해서도 사회 윤리에 어긋난다는 이유로 가위질을 했으며 작품 속에 정권에 대한 비판이나 허무주의 등의 내용이 담겨 있으면 출판을 금지했다. 불신과 퇴폐를 조장한다는 이유로 1965년부터 민주 정부 수립 이전까지 32년 동안 금지곡으로 지정된 곡이 무려 840여 곡에 이른다.

특히 인기 가요 중에서 금지곡으로 정해진 이유를 들어 보면 우스꽝스럽다. 송창식이 부른 〈왜 불러〉는 단속에 저항하고 반말을 한다는 이유로 금지곡이 됐고 양희은의 〈아침 이슬〉은 노랫말 중 '태양은 묘지 위에 붉게 타오르고'에서 묘지는 남한이고 태양은 북한의 김일성(그 당시 북한의 최고 권력자)이 아니냐는 이유로 금지곡이 됐다. 이장희가 부른 〈그건 너〉는 노랫말 중 '그건 너/ 그건 너/ 바로 너 때문이야.' 부분이 문제가 됐는데 남에게 책임을 전가하는 내용이라는 것이 바로 금지곡이 된 이유였다. 이보다 더 억지스러운 이유로 금지시킨 곡도 있는데 지금 생각해 보면 웃어야 할지 울어야 할지 모를 코미디이다. 가수 이금희의 〈키다리 미스터 킴〉은 그 당시 키가 작았던 대통령의 마음을 불편하게 할 수 있다는 이유로 금지곡이 되기도 했다.

그렇다면 21세기를 살고 있는 우리는 마음껏 표현의 자유를 누리고 있는가? 곱씹어 생각해 볼 문제이다.

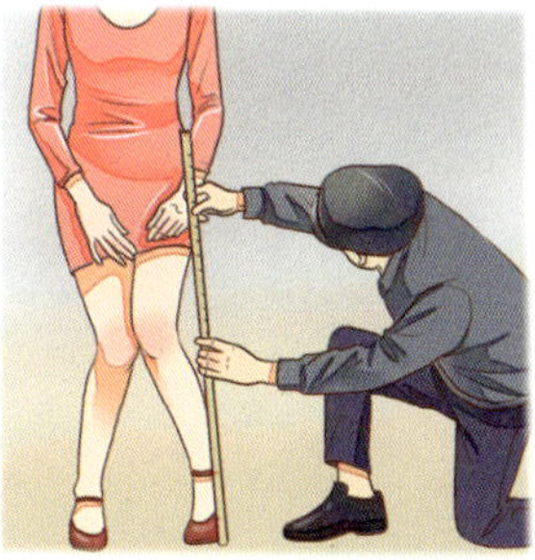

누비다　가위질을 하다　허무주의　우스꽝스럽다　전가하다

# 03과 개인과 사회

• 학습 목표: 부연 설명을 요청하고 요청에 응답하여 설명을 할 수 있다.

## Ⅰ. 준비해 봅시다

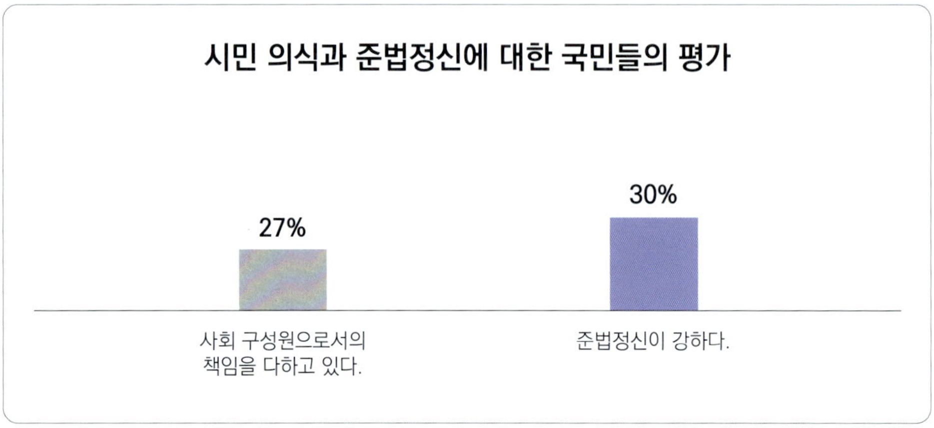

- 법이나 질서를 지키지 않는 사람 때문에 피해를 본 적이 있습니까?
- 사회 구성원으로서 따뜻하고 질서 있는 사회를 만들기 위해서 어떤 노력을 해야 합니까?

## 말하기1

### 표현해 봅시다

**1** 보기 와 같이 이야기해 봅시다.

| 보기 | 아래층의 실내 흡연으로 인해서 갈등이 심함. | | |
|---|---|---|---|
| 문제 상황 | 아이들의 건강이 염려됨. | 아랫집의 반응 | 내 집에서 담배 피우는 것은 나의 자유임. |

| ① | 9세 소년이 가게 금고에서 100만 원을 훔침. | | |
|---|---|---|---|
| 문제 상황 | 소년의 부모가 100만 원 반환을 거부함. | 아이 부모의 반응 | 금고를 잘 지키고 있지 않은 주인의 잘못이 더 큼. |

| ② | 상사가 퇴근 후 수시로 메시지를 보내서 업무를 지시함. | | |
|---|---|---|---|
| 문제 상황 | 퇴근 후에도 언제 메시지가 올지 몰라서 스트레스를 받음. | 상사의 반응 | 퇴근 후 회사에 나오라는 것도 아닌 간단한 업무 지시는 당연함. |

| ③ | 자주 가던 식당이 노 키즈 존(No Kids Zone)으로 바뀜. | | |
|---|---|---|---|
| 문제 상황 | 아이를 데리고 갈 만한 곳이 없음. | 카페 사장의 반응 | 다른 손님도 편안한 시간을 보낼 권리가 있음.<br>카페 운영자의 자유임. |

보기

**미라:** 아랫집과 갈등이 있어서 요즘 아파트 생활이 너무 힘들어.
**유키:** 무슨 일인데? 무슨 일인지 좀 자세히 얘기해 봐.
**미라:** 아랫집에서 담배 냄새가 시도 때도 없이 올라와서 너무 괴로워. 집에 아이들도 있어서 간접 흡연으로 인한 피해가 없을지 걱정도 되고.
**유키:** 아랫집 사람에게 담배 연기 때문에 피해를 보고 있다고 직접 이야기해 보는 건 어때?
**미라:** 물론 해 봤지. 그런데 미안하다고 사과하기는커녕 오히려 자기 집에서 담배를 피우는 건 본인 자유라고 귀찮게 하지 말라고 하네. 너는 이 문제에 대해서 어떻게 생각해?

반환　금고　시도 때도 없이

## 2 표현을 익혀 봅시다.

**도움말**

다른 사람의 이야기를 듣고 그 내용에 대해서 추가로 더 알고 싶은 것이 있을 때 상대방에게 자세한 설명을 요청할 수 있다.

상대방의 의견을 물을 때 직접적인 의문문 형식으로 질문을 할 수도 있고 부드러운 평서문 형식으로 답변 요청을 제안할 수도 있다.

| | |
|---|---|
| 설명 요청하기 | • 왜 돈을 훔친 아이를 처벌할 수 없는지 **설명을 좀 해 주시겠습니까?**<br>• 앞서 말씀하신 유명인의 탈세 행위**에 대해서 예를 좀 들어 주셨으면 합니다.**<br>• 신고 포상제의 부정적인 면**에 대해서 조금 더 구체적으로/자세히 말씀해 주시면 좋겠습니다.**<br>• 손해 배상과 손해 보상이 어떻게 다른지 **궁금합니다/알고 싶습니다.** |
| 의견 묻기 | • 법의 존재 이유가 **뭐라고 생각하십니까?**<br>• 공공의 이익을 위해 개인의 자유가 희생될 수 있**다고 생각하시는지요?**<br>• 저출산 문제를 해결하기 위해서 정부 차원에서 어떤 대책을 마련해야 **한다고 보시는지 궁금합니다.**<br>• 교내에서 학생들의 휴대 전화 사용을 금지해야 한다는 **의견에 대해서 어떻게 생각하세요?** |

## 3 보기 와 같이 이야기해 봅시다.

| 보기 | 공동 주택 흡연 문제 |
|---|---|
| 현재 상황 | • 공동 주택 흡연 문제로 아랫집과 갈등이 심하지만, 현행법상 전용 공간의 금연을 강제할 수 없음.<br>• 아랫집은 담배를 피울 권리와 자유를 주장<br>• 관리 사무소의 요청도 거부하면 그만임. |
| 의견 | • 간접흡연은 직접 흡연만큼 건강에 해로움.<br>• 개인의 자유도 중요하지만 타인에 대한 배려도 필요함.<br>• 나의 권리만큼 다른 사람의 권리도 중요함. |

탈세　신고 포상제　현행법　전용 공간

| ① | 미성년자라는 이유로 물건을 훔쳐도 처벌받지 않음. |
|---|---|
| 현재 상황 | • 만 10세 미만 아이에게 형사적 책임을 물을 수 없음.<br>• 부모에게 손해 배상을 청구할 수 있지만 재판에 드는 비용이 피해 금액보다 더 듦. |
| 의견 | • 부모가 손해 배상을 하도록 하는 제도가 생겨야 함.<br>• 같은 잘못을 반복하지 않도록 철저한 훈육이 필요함. |

| ② | 퇴근 후 상사의 업무 지시 메시지 |
|---|---|
| 현재 상황 | • 상사의 지시를 거절하기 쉽지 않음.<br>• 2016년 근로 기준법 개정안이 발의됐지만 통과되지 않았음. |
| 의견 | • 직원들의 사생활을 존중하도록 조직 문화를 개선하려는 노력이 필요함.<br>• 불가피한 업무 지시로 일을 한 경우 근무 시간으로 인정해서 임금을 받을 수 있는 제도 개선이 필요함. |

| ③ | 지하철 노인 무임 승차 제도 |
|---|---|
| 현재 상황 | • 고령화로 노인 인구가 계속 증가하고 있음.<br>• 지하철 운영 적자가 심해져서 노후 전동차 교체 등 다른 곳에 예산이 쓰이지 못함. |
| 의견 | • 혜택 기준 나이를 올리거나 일반 요금보다 낮은 노인 요금제를 새로 만드는 등 제도 변화가 필요함.<br>• 노인 빈곤 등 노인의 경제적 상황을 고려해야 하지만 무조건적인 지원보다는 사회적 합의를 통한 제도 개선이 필요함. |

보기

**윤아:** 공동 주택 흡연 문제 때문에 괴로워하거나 아랫집과 갈등을 겪고 있는 사람들이 많다고 해요. 제 친구가 공동 주택 흡연 때문에 고민이 많아서 좀 알아봤는데 법적으로 강제를 할 방법이 없다고 해요.

**우진:** 그래요? **좀 더 자세히 말씀해 주세요.**

**윤아:** 현행법상 복도나 계단 같은 공용 공간에서의 금연은 강제할 수 있지만 베란다나 화장실 같은 전용 공간에서는 강제할 수 없대요. 관리 사무소에서 찾아가서 금연을 요청해도 당사자가 거부하면 그만이라고 하네요. 집에서 담배를 피우는 것도 개인의 자유이자 권리라고 하는데 우진 씨는 **이 문제에 대해서 어떻게 생각하세요?**

**우진:** 아무리 개인의 자유가 중요하고 사적인 공간에서 하는 행동이라고 해도 간접흡연은 건강과도 연관된 중요한 문제라고 생각해요. 직접 흡연만큼이나 건강에 해롭다는 기사도 많잖아요. 윤아 **씨 생각은 어때요?**

**윤아:** 저도 그렇게 생각해요. 내 공간에서 자유를 누릴 수 있는 권리만큼 다른 사람도 피해를 보지 않을 권리가 있다고 봐요.

훈육　근로 기준법　개정안　발의되다　조직　불가피하다　무임 승차

**1** 다음 기사를 보고 보기 와 같이 이야기해 봅시다.

보기 **세연일보**

**출근길 지하철 승강장에서 쓰러진 승객 …… 다른 승객들이 살려**

…… 지하철…… 의식 잃은 승객 근처 승객이 심폐 소생술…… 발 벗고 나선 시민들…… 따뜻한 사회……

① **한국신문**

**청소년에게 심부름값 받고 담배 사 주는 부끄러운 어른들**

…… 대리 구매 수수료를 받고 양심을 파는 어른들…… 청소년 대신 담배 사다 줘…… 시민 의식 미성숙……

② **서울일보**

**데이트 폭력 보고도 지나친 시민들**

…… 연인 다툼이 폭행으로…… 30분 동안 맞는데도 말리는 사람 없어…… 타인에 대한 관심 실종……

③ **연세신문**

**유기견 돌보는 자원봉사 인기**

…… 유기견 돌보며 마음의 위안 …… 자원봉사 하다가 입양 결정하기도…… 온기가 남아 있는 사회……

보기

오늘 출근길 지하철에서 갑자기 의식을 잃고 쓰러진 승객을 근처에 있던 한 승객이 심폐 소생술을 해서 살렸다는 기사를 읽었습니다. 주변에 있던 시민들의 적극적이고 빠른 대처로 쓰러진 승객의 목숨을 살릴 수 있었던 것 같습니다. 이 기사는 아직 우리 사회에는 어려움에 처한 이웃을 모른 척하지 않는 따뜻한 시민들이 많다는 것을 보여 주고 있습니다. 뿐만 아니라 '다른 사람이 하겠지.'라고 생각하지 않고 발 벗고 나선 시민들을 보며 높은 시민 의식을 느낄 수 있었습니다.

대리 구매 다툼 유기견 온기

## 2 표현을 익혀 봅시다.

**도움말**

자료를 설명할 때에는 앞에서 말한 내용과 관계된 또 다른 사례나 통계 자료 등의 근거 자료를 제시하면서 설명하는 것이 좋다. 어떤 대상을 설명할 때 자료를 활용하면 말하고자 하는 의도나 생각을 효과적으로 전달할 수 있다.

부연 설명을 할 때에는 앞서 말한 내용에 자세한 설명을 덧붙이거나 예를 들어서 듣는 사람의 이해를 돕도록 한다. 새로운 주장이나 내용이 들어가서는 안 되고 앞의 내용을 보충하는 정도로 설명하는 것이 좋다.

| | |
|---|---|
| 자료 설명하기 | • 23년 동안 아파트를 지켜 온 경비원이 쓰러지자 주민들이 성금 모금에 나섰다는 이 **기사는** 아직 우리 사회가 살만한 세상**이라는 것을 보여 주고 있습니다.**<br>• **이 그래프를 통해서** 국민 중 상당수가 여전히 우리 사회의 시민 의식과 준법정신이 부족하다고 생각하**는 것을 알 수 있습니다.**<br>• 전국에서 온 자원봉사자들의 이야기는 우리 사회의 성숙한 시민 의식을 보여 주는 **좋은 사례라고 할 수 있습니다.**<br>• **이 표/조사 결과를 보면** 세대별, 성별에 따라 선호하는 차량이 **다르다는 것을 알 수 있습니다.**<br>• **이 그래프에서 보다시피** 1인 가구가 전체 가구의 **40%를 차지하고 있습니다.** |
| 부연 설명하기 | • 다른 사람의 자녀 문제에 신경을 쓸 이유가 없습니다. **게다가/뿐만 아니라** 요즘 아이들은 부모의 말도 듣지 않습니다.<br>• **덧붙여 말씀드리자면/덧붙이자면** 최근에는 스마트폰의 메시지를 이용한 피싱이 증가하고 있다고 합니다.<br>• **하나 더 보충하자면** 장바구니는 7000번 이상을 재사용해야 환경 보호 효과가 있습니다.<br>• **다른 예를 들면** 컴퓨터와 인터넷도 인류의 역사를 바꾼 발명품입니다. |

성금 피싱

II. 표현해 봅시다

## 3 여러분은 어떻게 하겠습니까? 보기 와 같이 이야기해 봅시다.

**보기 지하철에서 승객 한 명이 갑자기 쓰러져서 숨을 쉬지 않는 것 같다.**

**"지하철에서 옆 승객이 쓰러진다면?"**

연세일보

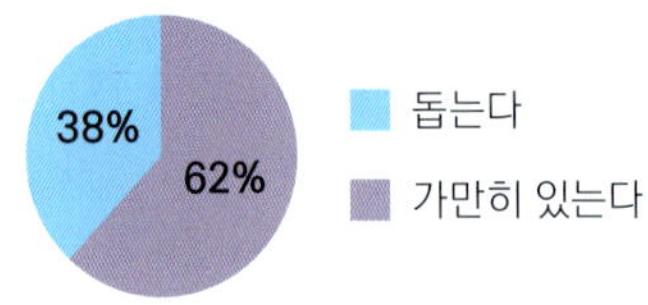


| 나의 선택 | 돕는다. (   ) | 가만히 있는다. ( ✔ ) |
|---|---|---|
| 이유 | • 양심의 문제가 아닌 사회 구성원의 의무임.<br>• 나 또는 우리 가족에게도 이런 상황이 생길 수 있음. | • 도움을 줄 다른 사람이 있을 것.<br>• 잘못되면 오히려 내가 피해를 볼 수 있음.<br>• 심폐 소생술 중 갈비뼈가 부러졌다며 고소당하는 일도 있음. |

**1 교복을 입은 학생들이 아파트 화단에서 담배를 피우고 있다.**

**"담배를 피우는 중학생을 본다면?"**

연세일보

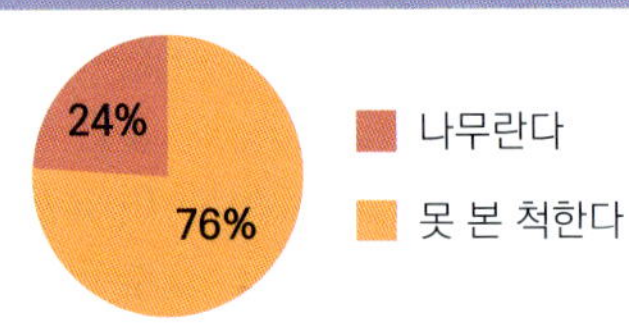


| 나의 선택 | 나무란다. (   ) | 못 본 척한다. (   ) |
|---|---|---|
| 이유 | • 올바른 사회를 만들기 위해서 잘못된 행동을 하는 학생을 보면 타일러야 함.<br>• 흡연은 학생들 건강에도 해로울뿐더러 주민들에게도 피해를 줌. | • 남의 문제에 신경을 쓸 이유가 없음.<br>• 직접 나서는 것보다 사진을 찍어서 경찰에 신고하는 것이 더 효과적임. |

**2 친구와 길을 걷던 중 데이트 폭력 현장을 보게 된다.**

**"데이트 폭력 현장을 목격한다면?"**

연세일보

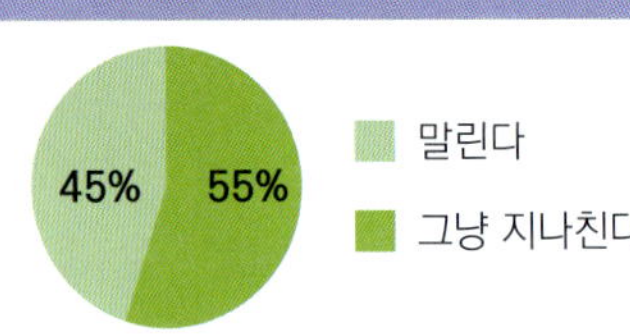


| 나의 선택 | 말린다. (   ) | 그냥 지나친다. (   ) |
|---|---|---|
| 이유 | • 한 사람이 위기에서 벗어날 수 있음.<br>• 피해자는 누군가의 도움을 바라고 있을지도 모름. | • 다른 사람의 일에 끼어드는 일은 위험한 일임.<br>• 말리는 사람이 폭행을 당하는 경우도 많음.<br>• 경찰에 신고하는 것이 효과적임. |

구성원 갈비뼈

| 3 | 전염병이 확산되면서 시민들이 생필품 사재기에 나섰다. | |
|---|---|---|
| | **"시민들이 사재기를 한다면?"**<br>연세일보 | 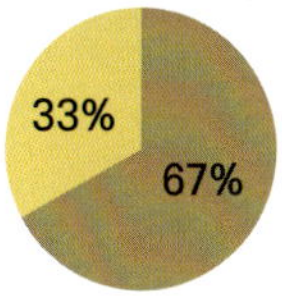 |
| 나의 선택 | 사재기에 동참한다. (        ) | 필요한 만큼만 산다. (        ) |
| 이유 | • 불안정한 상황이 얼마나 오래갈지 알 수 없음.<br>• 언제 물건이 들어올지 불확실함.<br>• 다른 사람을 신경 쓸 여력이 없음. | • 더 필요한 사람에게 양보하는 성숙한 시민의 자세가 필요함.<br>• 물량 부족은 일시적 현상임.<br>• 위기 상황에서는 분별력을 가지고 차분함을 유지하는 것이 필요함. |

보기

**올리비아:** 오늘 신문에서 재미있는 조사 결과를 봤어요.

**하늘:** **무엇에 대한** 조사**였는지 좀 더 자세히 말씀해 주세요.**

**올리비아:** 지하철에서 옆 승객이 쓰러진다면 어떻게 하겠냐는 조사였는데 **조사 결과를 보면** 돕는다**는 응답이 62%,** 가만히 있는다**는 응답이 38%였어요.** 저는 생각보다 가만히 있는다는 사람이 많아서 좀 놀랐는데 하늘 씨는 이 조사 결**과**에 **대해서 어떻게 생각하세요?**

**하늘:** 개인주의가 강한 요즘 사회 분위기를 생각해 보면 저는 그렇게 놀랍지 않은데요.

**올리비아:** 그럼 하늘 씨는 **이런 상황에서 어떻게 할 것 같아요?**

**하늘:** 지하철에서 어떤 사람이 갑자기 쓰러진다면 저는 선뜻 도와주지 못할 것 같아요. 우선, 제가 아니어도 의사나 간호사 같은 전문적으로 도와줄 수 있는 분들이 주변에 있을 거라고 생각해요. **게다가** 괜히 모르는 사람을 도와주었다가 그 사람이 잘못되면 오히려 피해를 볼 수도 있어요. 얼마 전에 길에서 쓰러진 사람을 심폐 소생술을 해서 도와줬는데 갈비뼈가 부러졌다며 고소를 당했다는 기사를 읽은 적이 있어요. 힘들게 심폐 소생술을 했는데 고맙다는 인사조차 못 받고 오히려 고소를 당하는 상황을 겪고 싶지는 않아요.

**정리해 봅시다**

성숙한 시민 의식을 볼 수 있는 사례를 찾아서 친구들에게 소개해 봅시다.

사재기　여력　물량　분별력　선뜻

# 04 4과 사회 제도와 정책

• 학습 목표: 전문적인 글의 개요를 준비하고 작성할 수 있다.

## Ⅰ. 준비해 봅시다

- 한국에서 청년 취업률이 낮은 원인은 무엇이라고 생각합니까?
- 청년 실업 문제를 해결하기 위해서 어떤 정책이 마련되어야 한다고 생각합니까?

## 쓰기1

표현해 봅시다

**1** 보기 와 같이 자료를 보고 주제와 관련하여 생각나는 것을 써 봅시다.

보기

**주제: 청년 실업**

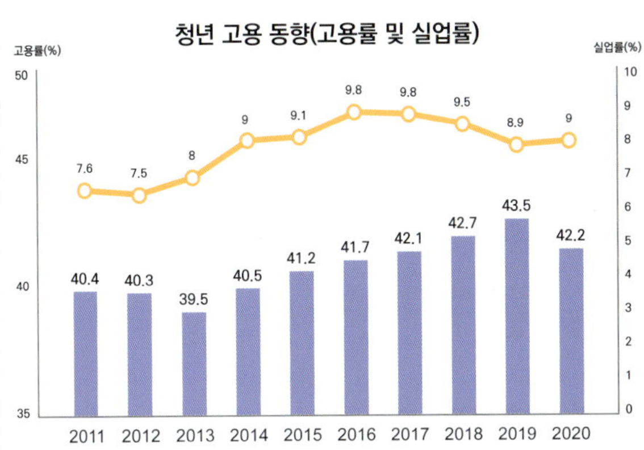


한국은 청년 실업 문제가 심각하구나.

청년 실업 문제가 심각한 이유가 무엇일까?

한국 정부, 기업, 학교에서는 청년 실업 문제를 해결하기 위해 어떤 노력을 하고 있는지 궁금하네.

1

**주제: 한국의 응원 문화**

한국의 응원 문화는 우리나라와 다르구나.

운동선수와 연예인을 응원하는 방식에는 어떤 차이가 있을까?

____________________

____________________

____________________?

2

## 주제: 의료 보험 제도

**연세일보**

**국민의 의료 문제는 국가가 모두 책임져야** … 국민 보건 서비스 방식 … 모든 국민에게 무상으로 의료 제공 … 영국, 스웨덴, 이탈리아 …

**대한 신문**

**국가가 기본적으로 의료 보장에 대한 책임을 지지만 국민도 의료비에 대해 일정 부분 책임을 져야** … 사회 보험 방식 … 독일, 프랑스 … 한국 …

의료 보험 제도가
나라마다 다르구나.

________________
________________
________________?

________________
________________
________________?

3

## 주제:

________________
________________
________________?

________________
________________
________________?

________________
________________
________________?

## 2 표현을 익혀 봅시다.

**도움말**

논문의 개요 작성을 준비하는 과정은 다음과 같다. 먼저 주제를 선정한다. 주제는 구체적인 것을 골라야 하며 참고할 자료가 충분히 있는 것이 좋다. 다음으로 주제문을 쓴다. 주제문은 글의 중심 문장이므로 자신의 주장 또는 목적을 가장 잘 드러내는 하나의 완전한 서술형 문장으로 작성한다. 그 후 제목을 붙인다. 제목은 독자의 관심을 끌면서 글의 중심 내용이 잘 드러나도록 간결하고 알기 쉽게 만들어야 하며 글을 써 가면서 언제든지 수정할 수 있다. 마지막으로 자료를 수집한다. 자료는 근거가 확실하고 객관적이어야 하며 주제를 뒷받침할 수 있어야 한다. 이상의 과정이 끝나면 중요한 내용을 간결하게 정리하여 개요를 작성한다.

| | |
|---|---|
| 주제문 쓰기 | • 청년 실업 문제**의 해결 방안이 필요하다.**<br>• 한국의 응원 문화**에는 고유한 특징이 있다.**<br>• 가치관의 변화**가 사회에 미치는 영향이 크다고 볼 수 있다/할 수 있다.**<br>• 지구 온난화**로 인해 발생하는 문제에 대한 대책을 세워야 한다.** |
| 제목 붙이기 | • 청년 실업 문제**의 원인과/실태와 대책/해결 방안**<br>• 한국의 응원 문화**에 관한/대한 고찰**<br>• 전통적인 미디어**와** 뉴 미디어**의 비교**<br>• 고령화**에 따른** 노인 빈곤 실태 **조사**<br>• 일회용품 사용 제한**이** 일상생활**에 미치는 영향** |

## 3 보기와 같이 주제와 주제문, 제목, 자료 수집 방법을 써 봅시다.

보기
- 주제: 청년 실업
- 주제문: 청년 실업을 해결할 방안이 필요하다.
- 제목: 청년 실업의 원인과 해결 방안
- 자료 수집 방법: 논문, 책, 인터넷 검색 등

①
- 주제: 한국의 응원 문화
- 주제문: 한국의 응원 문화에는 한국만의 특징이 있다.
- 제목: ______
- 자료 수집 방법: ______, ______, ______

②
- 주제: 의료 보험 제도
- 주제문: ______
- 제목: ______
- 자료 수집 방법: ______, ______, ______

③
- 주제: ______
- 주제문: ______
- 제목: ______
- 자료 수집 방법: ______, ______, ______

실태 고찰

쓰기2

Ⅱ. 표현해 봅시다

**1** 보기 와 같이 제목과 관련된 질문 또는 알고 싶은 내용을 생각나는 대로 써 봅시다.

보기 제목: 청년 실업의 원인과 해결 방안

청년 실업이란 무엇인가?

청년은 몇 살부터 몇 살까지?

아르바이트는 실업인가? 취업인가?

얼마나 오랫동안 일을 하지 않으면 실업인가?

한국에서 청년 실업이 정말 증가하고 있는가?

왜 청년 실업이 증가하고 있는가?

최근의 실업률 수치 변화는?

한국 사회의 구조적 문제 때문인가?

한국 경제와 세계 경제가 좋지 않아서인가?

한국 정부 정책에 문제가 있나?

한국 교육에 문제가 있어서인가?

한국 기업의 문제인가?

한국 청년들의 가치관의 문제인가?

이 문제를 어떻게 해결할 수 있을까?

구조적

1 제목: 한국의 응원 문화에 대한 고찰

응원 문화란 무엇인가?

누구를 응원하는 것에 대해서 쓸 것인가?

우리나라에서는 보통 누구를, 어떻게 응원하는가?

우리나라와 한국의 응원 문화에는 어떤 차이가 있을까?

한국에서는 운동선수와 팀을 응원할 때 어떻게 응원할까?

한국에서는 연예인을 응원할 때 어떻게 응원할까?

예술인을 응원할 때는 어떻게 응원할까? 연예인과 비슷할까?

응원할 때 사용하는 특정한 물건, 노래 등이 있을까?

(상징 색깔, 특정한 옷, 응원 구호, 노래)

응원하는 선수나 연예인을 만났을 때 뭘 할까? (편지, 선물 전달)

응원하는 선수나 연예인을 위해서 뭘 할까?

(도시락, 커피 차, 간식 차, 굿즈 구입, 봉사 활동, 기부, 팬들이 연예인을 광고)

콘서트에서는 어떻게 응원할까?

함께 응원할 때의 좋은 점은 뭘까?

구호 굿즈

❷ 제목: 국민 보건 서비스 방식과 사회 보험 방식 의료 보험 제도의 비교

의료 보험 제도란 무엇인가?

의료 보험 제도의 종류에는 어떤 것이 있을까?

각 의료 보험 제도의 특징은 무엇일까?

의료 보험 제도는 나라마다 다를까?

❸ 제목:

## 2 표현을 익혀 봅시다.

**도움말**

화제 선정하기, 주제문 쓰기, 제목 붙이기, 자료 수집하기가 끝나면 개요를 작성한다. 개요는 서론-본론-결론의 형태를 갖추는 것이 좋으나 순서대로 작성할 필요는 없으며 본론을 중심으로 작성해 나가도록 한다. 개요를 작성하는 순서는 다음과 같다. 첫째, 관심 분야에 대해 떠오르는 질문을 생각나는 대로 적어 보고 "누가, 언제, 무엇을, 어떻게, 왜" 등의 질문에 간단히 답을 써 본다. 둘째, 자신이 쓰고자 하는 논문의 흐름에 맞지 않는 부분은 지우고 관련성이 높은 항목끼리는 묶어 가며 정리한다. 셋째, 정리된 내용들을 서론, 본론, 결론에 적절하게 배치한다. 이 과정에서 개요는 글을 쓰기 쉽게 자세히 작성해야 하며 본문의 전체 구성에 맞지 않는 내용은 과감하게 수정한다.

| 개요 작성 준비하기 | 주제 선정하기 → 주제문 쓰기 → 제목 붙이기 → 자료 수집하기 | | |
|---|---|---|---|
| 개요 작성하기 | 서론 → | 본론 → | 결론 |
| | • 개념/용어 정의<br>• 현황 제시<br>• 문제 제기<br>• 연구 목적<br>• 연구 대상<br>• 연구 방법<br>• 본론 내용 소개 | • 주제문과 근거<br>• 문제점과 해결 방안<br>• 장점과 단점<br>• 비교와 대조 | • 본론 요약<br>• 연구 성과 및 한계<br>• 후속 과제 및 전망 |

제기 후속

## 3 보기 와 같이 개요를 써 봅시다.

보기 제목: 청년 실업의 원인과 해결 방안

|  |  |
|---|---|
| 청년 실업이란 무엇인가?<br>청년은 몇 살부터 몇 살까지? | 서론 |
| 한국에서 청년 실업이 정말 증가하고 있는가?<br>왜 청년 실업이 증가하고 있는가?<br>최근의 실업률 수치 변화는? | 본론 1 |
| 한국 사회의 구조적 문제 때문인가?<br>한국 경제와 세계 경제가 좋지 않아서인가?<br>한국 정부 정책에 문제가 있나?<br>한국 교육에 문제가 있어서인가?<br>한국 기업의 문제인가?<br>한국 청년들의 가치관의 문제인가? | 본론 2 |
| 이 문제를 어떻게 해결할 수 있을까? | 본론 3 |

→

- 제목: 청년 실업의 원인과 해결 방안
- 개요

| | |
|---|---|
| I. 서론 | - 청년 실업이 심각한 사회 문제가 되고 있다.<br>- 청년 실업 문제의 원인과 해결 방안을 살펴보려고 한다. |
| II. 본론 | 1. 청년 실업의 현황<br>1) 정부의 구인, 구직 동향 조사<br>2) 한국경제연구원 분석 결과<br>3) 통계청 자료<br>2. 청년 실업의 원인<br>1) 구조적 문제<br>2) 교육적 문제<br>3) 정책적 문제<br>3. 청년 실업의 해결 방안<br>1) 정부의 정책 변화<br>2) 기업의 제도 변화<br>3) 청년의 가치관 변화 |
| III. 결론 | 정부, 교육 기관, 기업, 청년 본인이 함께 노력하여 청년 실업 문제를 해결해야 한다. |

① 제목: 한국의 응원 문화에 대한 고찰

|  |  |
|---|---|
| 응원 문화란 무엇인가?<br>무엇을 응원하는 것에 대해서 쓸 것인가? | 서론 |
| 한국의 응원 문화는 어떤 특징이 있을까?<br>한국에서는 운동선수와 팀을 응원할 때 어떻게 응원할까?<br>한국에서는 연예인을 응원할 때 어떻게 응원할까?<br>응원할 때 사용하는 특정한 물건, 노래 등이 있을까?<br>(상징 색깔, 특정한 옷, 응원 구호, 응원가)<br>응원하는 선수나 연예인을 만났을 때 뭘 할까? (편지, 선물 전달)<br>응원하는 선수나 연예인을 위해서 뭘 할까?<br>(도시락, 커피 차, 간식 차, 굿즈 구입, 봉사 활동, 기부, 팬들이 연예인을 광고)<br>콘서트에서는 어떻게 응원할까? | 본론 1,2 |
| 한국 응원 문화의 장점은 뭘까?<br>한국 응원 문화의 단점은 뭘까? | 본론 3 |
| ________<br>________ | 본론 4 |

→

- 제목: 한국의 응원 문화에 대한 고찰
- 개요

| | |
|---|---|
| I. 서론 | ________ |
| II. 본론 | 1. 스포츠 분야의 응원 문화<br>1) 특정한 옷, 색깔, 응원 구호, 응원가<br>2) ________<br>3) 봉사 활동, 기부<br>2. 대중문화 분야의 응원 문화<br>1) 상징 색깔과 응원 구호<br>2) 만나면 편지, 선물 전달<br>3) ________<br>4) ________<br>3. 한국 응원 문화의 장단점<br>1) 장점<br>2) ________<br>4. ________<br>1) ________<br>2) ________ |
| III. 결론 | ________<br>________ |

동향

② 제목: 국민 보건 서비스 방식과 사회 보험 방식 의료 보험 제도의 비교

의료 보험 제도란 무엇인가?
의료 보험 제도의 종류에는 어떤 것이 있을까? — 서론

각 의료 보험 제도의 특징은 무엇일까?
________________
________________
________________
________________
의료 보험 제도는 나라마다 다를까? — 본론 1,2

________________
________________
________________
________________ — 본론 3

→

- 제목: 국민 보건 서비스 방식과 사회 보험 방식 의료 보험 제도의 비교
- 개요

| | |
|---|---|
| I. 서론 | ________<br>________<br>________<br>________ |
| II. 본론 | 1. 국민 보건 서비스 방식<br>1) 특징<br>2) ________<br>3) 장점<br>4) ________<br>2. 사회 보험 방식<br>1) ________<br>2) 시행하고 있는 국가 또는 지역<br>3) ________<br>4) 단점<br>3. ________<br>1) ________<br>2) ________ |
| III. 결론 | ________<br>________<br>________<br>________ |

## Ⅱ. 표현해 봅시다

③ 제목: ____________________

____________________ 서론
____________________

____________________
____________________ 본론 1
____________________
____________________

____________________
____________________
____________________ 본론 2
____________________
____________________

____________________ 본론 3
____________________

→

- 제목: ____________________
- 개요

| | |
|---|---|
| Ⅰ. 서론 | ____________________<br>____________________<br>____________________<br>____________________ |
| Ⅱ. 본론 | 1. ____________________<br>1) ____________________<br>2) ____________________<br>2. ____________________<br>1) ____________________<br>2) ____________________<br>3) ____________________<br>3. ____________________<br>1) ____________________<br>2) ____________________<br>3) ____________________ |
| Ⅲ. 결론 | ____________________<br>____________________<br>____________________<br>____________________ |

## Ⅲ. 정리해 봅시다

자신이 쓴 개요와 친구가 쓴 개요를 서로 비교·분석해 보고 부족한 부분을 보완해 봅시다.

# 복습



**1** 보기 와 같이 PPT를 만들어 봅시다.

보기

**한국의 응원 문화에 대한 고찰**

발표자: ○○○

**연구 동기와 목적**

**연구 목적:**
한국 응원 문화의 특징 분석
한국 응원 문화의 장단점 고찰

**목차**

| | |
|---|---|
| 서론 | 의미 제시<br>연구 방법 및 목적<br>본문 내용 소개 |
| 본론 | 1. 한국 응원 문화의 특징<br>2. 대중문화 분야의 응원 문화<br>3. 한국 응원 문화의 장점과 단점 |
| 결론 | 본론 요약<br>연구 성과 및 한계<br>후속 과제 및 전망 |

**제목:**

부제목:

발표자:

**연구 동기**

**연구 목적**

**목차**

서론

본론

결론

**2** 위에서 만든 PPT 내용으로 다음 순서에 맞게 개요를 발표해 봅시다.

발표자 및 발표 주제 소개 → 연구 동기와 목적 소개 → 목차 소개

문화

# 가족 계획 표어의 변천사

## - "둘도 많다"에서 "제발 아이 좀 낳아 주세요"로 -

한국 사회는 언제부터 저출산을 고민하게 되었을까? 불과 50여 년 전만 해도 한국 사회의 고민거리는 인구 증가였다. 한국 정부는 합계 출산율이 6명 수준인 1960년대에 '산아 제한 정책'을 내걸기 시작하면서 지난 반세기 동안 다양한 출산 정책을 펼쳐 왔다.

1960년대에는 온 국민이 가난했기 때문에 경제 성장이 가장 중요했다. "덮어놓고 낳다 보면 거지꼴을 못 면한다", "많이 낳아 고생 말고, 적게 낳아 잘 키우자"라는 표어에서도 알 수 있듯이 '아이 적게 낳기 운동'이 인구 정책의 목표였다.

1970년대가 되면 "딸·아들 구별 말고 둘만 낳아 잘 기르자"라는 표어가 등장한다. 당시만 해도 남아 선호 사상이 강했기 때문에 아들을 낳기 위해서 출산을 계속하는 가정이 많았다. 1983년, 한국의 인구가 4천만 명을 넘어서면서 "둘만 낳아 잘 기르자"라던 1970년대의 표어는 "둘도 많다"로 바뀌게 된다. "여보, 우리도 하나만 낳읍시다", "하나 낳아 젊게 살고 좁은 땅 넓게 살자" 등의 표어에서 알 수 있듯이 정부는 한 자녀 낳기를 장려했다. 그러나 출산율은 줄었으나 전통적인 남아 선호 사상은 강하게 남아서 1980년대부터는 성비 불균형이라는 부작용이 발생하였다. "잘 키운 딸 하나 열 아들 안 부럽다", "사랑으로 낳은 자식, 아들 딸로 판단 말자" 같은 표어에서 보듯이 정부의 정책도 성비 균형의 중요성을 강조하는 쪽으로 바뀌게 된다. 이후 저출산이 심각해지자 "아빠, 혼자는 싫어요. 엄마, 저도 동생을 갖고 싶어요", "자녀에게 물려줄 최고의 유산은 형제, 자매입니다" 등의 표어가 등장한다.

"둘도 많다"라던 한국 정부의 출산 억제 정책은 이렇게 "세 자녀 기쁨 세 배"라는 출산을 적극적으로 장려하는 정책으로 바뀌게 되었다.

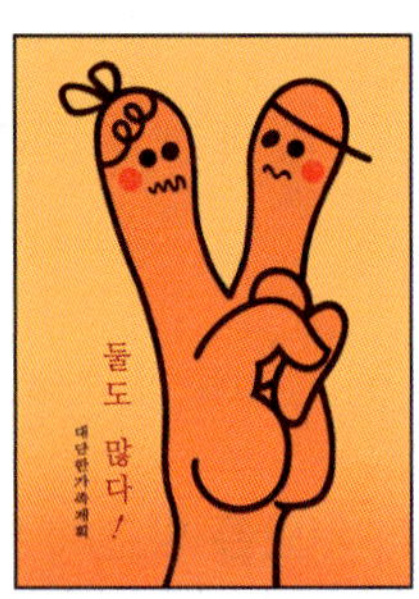

표어 산아 제한 정책 내걸다 덮어놓다 면하다

# 5과 진로와 성공

• 학습 목표: 내용을 요약, 정리하여 말하고 상대의 의견에 대하여 동의 및 문제 제기를 할 수 있다.

## Ⅰ. 준비해 봅시다

### 성공에 대한 명언

오직 한 가지 성공이 있을 뿐이다.
바로 자기 자신만의 방식으로 삶을 살아갈 수 있느냐이다.
- 크리스토퍼 몰리 (Christopher Morley)

성공을 확신하는 것이 성공으로 가는 첫 걸음이다.
- 토머스 에디슨 (Thomas Edison)

성공이 끝은 아니다.
- 윈스턴 처칠 (Winston Churchill)

### 성공의 조건 (%)

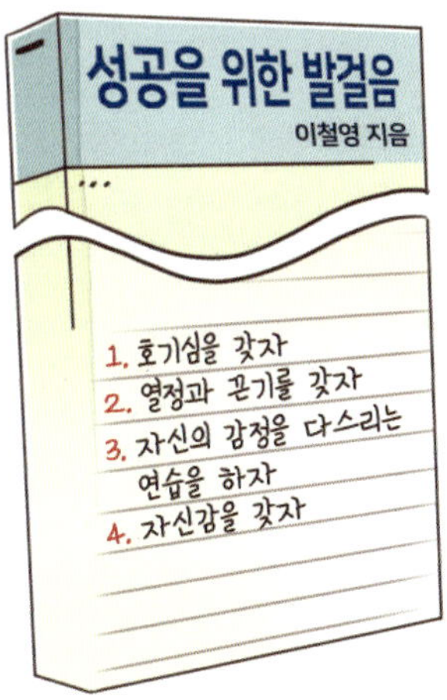


- 여러분은 성공의 조건이 무엇이라고 생각합니까?
- 여러분은 성공을 위해서 어떤 노력을 하고 있습니까?

II. 표현해 봅시다

1 보기 와 같이 이야기해 봅시다.

보기 20대가 생각하는 성공의 기준

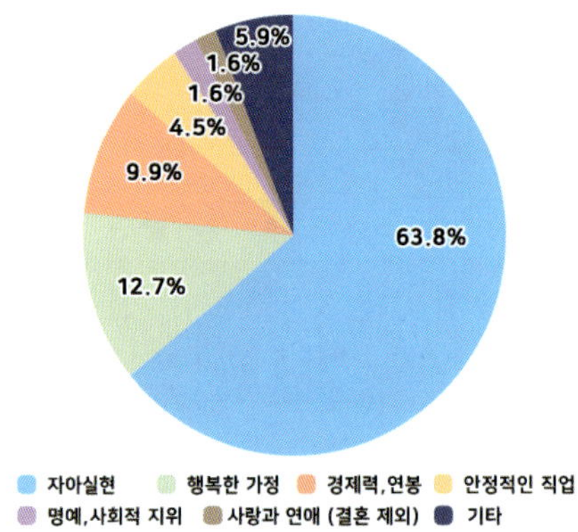


① 일과 삶의 균형

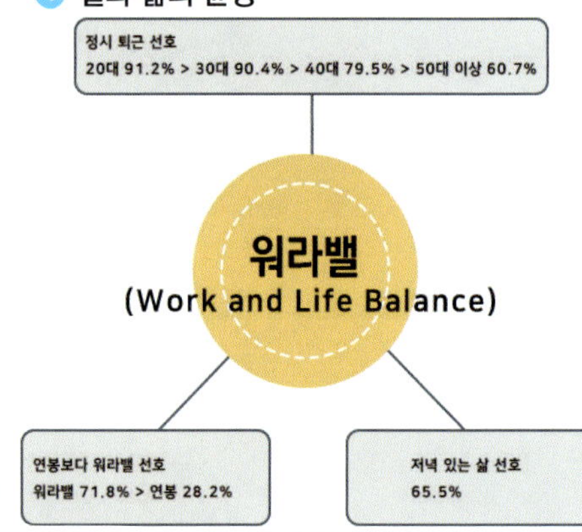


② 메타버스(metaverse)의 특징

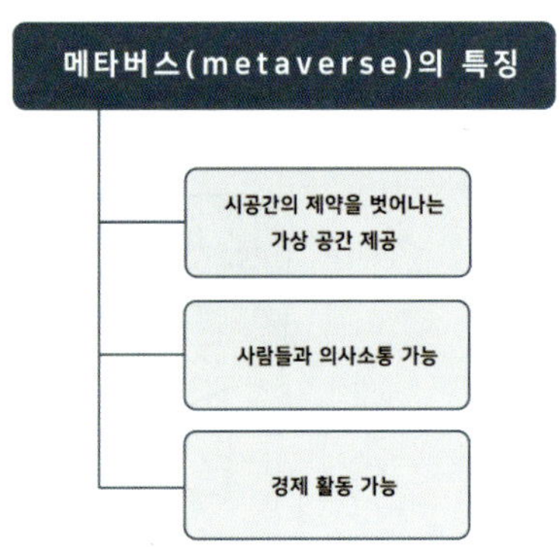


③ 공유 경제의 장점

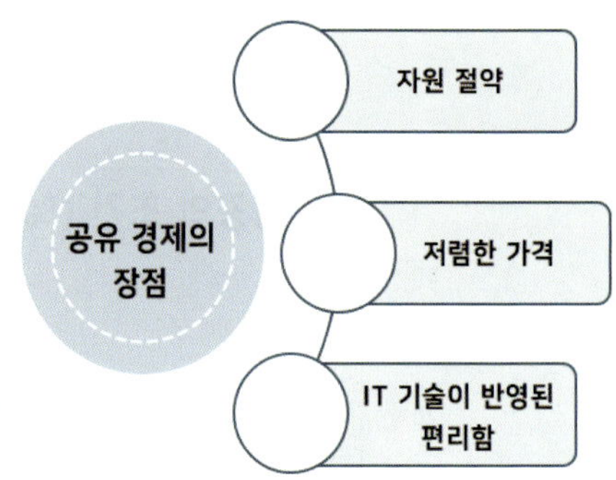


보기

**유키:** 주앙 씨, 한국의 20대 젊은이들이 생각하는 성공의 기준에 대한 설문 조사 결과 보셨어요?

**주앙:** 아니요, 못 봤어요. 결과가 어떻게 나왔는데요?

**유키:** 성공의 기준으로 제일 많이 꼽은 것은 자아실현으로 63.8%나 차지했대요. 두 번째가 행복한 가정이고요. 그 다음이 경제력과 연봉, 안정적인 직업, 명예와 사회적 지위 등의 순으로 나왔어요.

**주앙:** 한마디로 한국의 20대 젊은이들은 성공의 기준으로 사회적인 조건보다는 개인의 행복을 더 중요하게 여긴다는 거군요.

워라밸 정시 메타버스 시공간

## 2 표현을 익혀 봅시다.

**도움말**

발표, 토론 상황에서 중심 내용 또는 상대방의 말을 간단하게 요약·정리하여 자신의 의견을 이야기하면 듣는 사람이 쉽게 이해할 수 있다.

| 요약·정리하여 말하기 | • **요약하면/정리하자면** 사회적 조건보다는 개인의 행복이 성공의 기준이**라는 것이지요?**<br>• **한마디로/짧게 정리해 보면** 간편 결제 시스템의 서비스 개선이 필요하**다는 말씀이시지요?**<br>• **결론적으로** 자신에게 맞는 효율적인 공부 방법을 찾아 학습하는 것**이 가장 중요하다는 것이지요?**<br>• **여기까지** 성공의 조건**에 대한 내용이었습니다/에 대해서 말씀드렸습니다.**<br>• **지금까지 말씀드린 것을 간단히 요약해 보면 다음과 같습니다.** |
|---|---|

## 3 다음을 보고 보기 와 같이 이야기해 봅시다.

| | 주제 | 에릭 | 노라 |
|---|---|---|---|
| 보기 | 성공의 기준 | • 경제력<br>• 안정적인 직업<br>• 사회적 지위와 명예 | • 나 자신의 행복<br>• 우정과 사랑<br>• 자아실현 |
| ① | 일과 삶의 균형 | • 업무 성과, 승진에서 보람을 느낌.<br>• 사회적 성공, 경제적 자유를 중시함.<br>• 능력을 계발하여 경쟁력과 생산성을 높여야 함. | • 조직의 성공과 나의 성공은 별개임.<br>• 편하게 일하고 적당히 버는 것에 만족함.<br>• 퇴근 후 자기만의 시간에 가치를 둠. |
| ② | 메타버스 (metaverse) | • 개인의 소망, 욕망을 실현할 수 있는 가상 공간임.<br>• 시공간의 제약에서 벗어나서 의사소통이 가능함.<br>• 새로운 기회가 될 수 있음. | • 메타버스에 대한 열기는 곧 가라앉을 것임.<br>• 기술적 한계가 존재함.<br>• 새로운 범죄 유형의 등장 가능성 |
| ③ | 개인의 재산권 보호와 문화재 보호의 충돌 | • 문화재 보호법으로 인해 개인의 재산권이 보호받지 못하는 것은 형평성에 어긋남.<br>• 재산권 행사에 제약<br>• 합당한 보상이 이루어지지 못함. | • 문화재는 우리 모두의 소중한 자산임.<br>• 문화재를 후손에게 전해 주어야 함.<br>• 공익이 우선시되어야 함. |

보기

**노라:** 에릭 씨는 성공의 기준이 뭐라고 생각하세요?

**에릭:** 저는 우선 경제력이 중요한 성공의 기준이라고 생각해요. 가장 객관적으로 판단할 수 있는 기준이 될 수 있으니까요. 그리고 직업이 얼마나 안정적인지도 고려해야 한다고 봐요. 마지막으로 사회적 지위와 명예도 중요하다고 생각해요. **한마디로 요약하자면** 저는 성공에 절대적인 기준이 있어야 한다고 생각해요. 노라 씨는 성공의 기준이 뭐라고 생각해요?

**노라:** 저는 성공의 기준으로 제일 중요한 것은 나 자신의 행복이라고 생각해요. 누가 뭐라고 해도 내가 행복하고 만족하면 그게 성공 아닐까요? 또 친구들과의 우정, 사랑하는 사람들과의 관계가 잘 형성된다면 그것 역시 성공의 기준에 부합한다고 할 수 있을 것 같아요. 그리고 무엇보다도 자아실현이 가장 중요한 점이라고 생각해요. 꿈이 크든 작든 자신이 원하는 것을 이루었다면 성공이라고 할 수 있지요.

**에릭:** 아, 노라 씨의 말을 **정리하자면** 성공 여부는 주관적으로 판단된다는 **말씀이시지요?**

형평성 행사 합당하다 자산 부합하다

표현해 봅시다 1 다음을 보고 보기와 같이 이야기해 봅시다.

보기

# 대한 신문

제203945호 20xx년 04월 01일 (금)

## 꿈과 목표가 없는 요즘 아이들

…"저는 꿈이 없어요", "저는 되고 싶은 것이 없어요"
응답하는 아이들 늘어……
아이들의 미래를 위한 동기 부여와 목표 의식 필요해…
…가정과 학교에서 아이들이 꿈을 가질 수 있도록 지도해야…

1

# 한서일보

제212423호 20xx년 05월 19일 (토)

## 조기 퇴직을 준비하는 젊은이 증가

…'파이어족'이란 30대 말에서 늦어도
40대 초반까지는 조기 은퇴하겠다는 목표로
회사 생활을 하는 20대부터 소비를
극단적으로 줄이며 은퇴 자금을 마련하는
이들을 가리키는…
…젊을 때 고생하고 빨리 은퇴…
…안정적 삶을 위한…

2

# 세연일보

제235179호 20xx년 10월 25일 (화)

## 드라마 ○○의 역사 왜곡 논란

…최근 방영되고 있는 드라마의 내용에 대한
논란이 뜨겁다…
…드라마 제작진은 '이것은 역사 다큐멘터리가 아니라
창작물로 봐 달라'며…
…'시청자들의 의견에 더욱 귀 기울일 것이나
드라마의 재미를 위해서는 어느 정도 역사적
사실의 가공은 앞으로도 있을 것'…

3

# 한경 신문

제234002호 20xx년 12월 07일 (월)

## 암호 화폐, 이대로 좋은가

…최근 투자자들에게 가장 주목의 대상이
되고 있는 암호 화폐…
…IT 기술이 집약된 새로운 형태의 자산…
…현재는 시작 단계여서 위험성이 높으나
앞으로 보편화될 것으로 전망…

보기

요즘 아이들에게 꿈이 뭐냐고 물어보면 "저는 꿈이 없어요." 또는 "저는 되고 싶은 것이 없어요."라고 대답하는 아이들이 많다고 합니다. 저는 대한 신문 4월 1일 자의 '꿈과 목표가 없는 요즘 아이들'이라는 기사 내용 중 요즘 아이들이 꿈이 없다는 것에 대해서 같은 의견을 가지고 있습니다. 또한 아이들에게 동기 부여와 목표 의식이 필요하다는 것에도 동의합니다. 그러나 가정과 학교에서 아이들이 꼭 꿈을 가지도록 지도해야 할 필요가 있을까요? 필요성을 강조하는 것 자체가 아이들에게 스트레스가 되어서 밝고 건강하게 성장하는 것에 걸림돌이 될 수도 있다고 생각합니다.

부여 왜곡 암호 화폐 집약되다

## 2 표현을 익혀 봅시다.

**도움말**

상대방의 의견을 듣고 그에 대한 문제를 제기할 때 상대방의 의견에 일부 동의하면서 자신이 생각하는 문제점 또는 다른 의견을 밝힐 수 있다. 이때 다른 사람의 주장에 동의하거나 문제를 제기하는 이유와 근거를 분명히 제시해야 한다.

| | |
|---|---|
| 동의하기 | • **저도 그렇게 생각합니다.**<br>• **저도 그 의견에 대해서 같은 생각입니다.**<br>• **그 점은 저도 인정합니다.**<br>• **저도** 윤아 **씨 의견에 동의합니다.**<br>• 아이들의 미래를 위한 동기 부여와 목표 의식이 필요하**다는** 윤아 **씨의 의견에 저도 동의합니다.** |
| 문제 제기하기 | • 윤아 **씨의 말씀에도 일리가 있습니다만** 그것이 도리어 아이들에게 스트레스를 줄 가능성도 있**지 않을까요?**<br>• 경제 발전의 중요성을 무시할 수 없**기는 하지만** 환경 문제의 관점에서**도 생각해 봐야 하지 않을까요?**<br>• 범죄자의 인권 문제**는 좋은 지적이라고 생각합니다만** 피해자의 입장**도 고려해 봐야 하지 않을까요?**<br>• **그 점은 저도 인정합니다만** 체벌이 학생들에게 실제로 얼마나 효과가 있을**지에 대해서도 생각해 봐야 하지 않을까요?**<br>• **그 점은 저도 맞다고 생각합니다만 과연** 안락사가 진정으로 환자를 위한 선택**이라고 할 수 있을까요?** |

## 3 보기 와 같이 이야기해 봅시다.

| 보기 주제: 꿈과 목표가 반드시 필요한가? | | |
|---|---|---|
| 흐엉 | 의견 | • 욕심이 없는 삶은 발전이 없으며 꿈과 목표가 없이 시간을 흘려보내는 것은 의미가 없다. |
| 레오 | 동의 | • 발전의 원동력이 된다. |
| | 문제 제기 | • 재미있고 성실하게 사는 것도 행복과 성공이다.<br>• 미래를 위해서 스트레스를 받고 현재를 희생하는 것이 좋은 것일까? |

| 1 주제: 파이어족(FIRE족)의 증가 | | |
|---|---|---|
| 흐엉 | 의견 | • 젊었을 때 고생하면 남은 인생을 즐겁게 살 수 있다. 또한 경제 위기 상황에서 경제적 자립을 통한 조기 은퇴는 긍정적으로 평가할 수 있다. |
| 레오 | 동의 | • 다양한 삶의 방식 중 하나로 인정할 수 있다. |
| | 문제 제기 | • 수입의 대부분을 저축하는 것이 가능할까?<br>• 유동적인 금융 시장의 특성상 계획에 차질이 생길 수 있다. |

| 2 주제: 영상물의 역사 왜곡 논란 | | |
|---|---|---|
| 흐엉 | 의견 | • 영화와 드라마는 순수 창작물로 보아야 한다. 긴장감과 재미를 위해서 어느 정도의 가공과 창작은 인정되어야 한다. |
| 레오 | 동의 | • 영화, 드라마는 창작물이라는 점에 기본적으로는 동의한다. |
| | 문제 제기 | • 영화, 드라마를 통해 역사를 접하는 사람이 많다.<br>• 실제 역사에서의 피해자들이 고통을 받지 않을까? |

| 3 주제: 수술실 CCTV 설치 의무화 | | |
|---|---|---|
| 흐엉 | 의견 | • 불법 의료 행위와 의료 사고를 예방할 수 있다. 게다가 환자의 알 권리를 충족시킬 수 있다. |
| 레오 | 동의 | • 수술실 의료 행위는 생명 및 안전과 직접적으로 연결된 문제임에 동의한다. |
| | 문제 제기 | • 환자가 의료진을 불신하는 분위기에서 의료진의 스트레스는 집중력 저하로 이어진다.<br>• 환자의 사생활 침해 문제가 생기지 않을까? |

보기

**레오:** 흐엉 씨의 말씀 잘 들었습니다. 요약하자면 흐엉 씨의 말씀은 사람에게 꿈과 목표는 꼭 필요한 것이라는 말씀이시지요? **저도** 꿈과 목표가 사람을 발전시키는 원동력이 된**다는 점에서** 흐엉 **씨의 의견에 동의합니다.** 하지만 반드시 꿈과 목표가 있어야 행복하게 살 수 있고 성공한 삶이**라고 말할 수 있을까요?** 나에게 주어진 하루하루를 즐겁게, 그리고 성실하게 사는 것도 또 다른 형태의 행복과 성공이라고 할 수 있지 않을까요? 또한 다가오지도 않은 미래의 꿈과 목표를 위해서 현재 스트레스를 받고 현실을 희생하는 것이 **과연 좋은지에 대해서도 생각해 봐야 하지 않을까요?**

. 정리해 봅시다

여러분 나라에서의 성공은 어떤 의미를 가지고 있는지 이야기해 봅시다.

유동적 차질 충족 저하

# 06과 기업과 사회

• 학습 목표: 전문적인 글의 서론을 쓸 수 있다.

## Ⅰ. 준비해 봅시다

일자리 창출

환경 오염

사회 공헌

노동력 착취

국가 발전에 기여

독과점

- 기업의 가장 중요한 역할은 무엇이라고 생각합니까?
- 여러분이 생각하는 바람직한 기업은 어떤 모습입니까?

**표현해 봅시다**

**1** 보기 와 같이 표를 채워 봅시다.

보기

| 제목 | 청년 실업의 원인과 해결 방안 |
|---|---|
| 개념/용어 정의 | **청년 실업률이란?**<br>: 국제 노동 기구(ILO) 기준으로 15세에서 29세의 경제 활동 인구 중 실업자의 비율 |
| 현황 제시 | **통계청 조사 결과**<br>: 한국의 청년 실업률 6%, 청년 실업자 수 25만 2000명 |
| | **연세 신문 00년 0월 00일 사회면 기사**<br>**"현실을 반영한 신조어 유행"**<br>: 88만 원 세대, N포 세대, 대학 5학년, 열정 페이…, 청년 실업 신조어 유행 |
| 문제 제기 | • 청년 실업 문제의 대책은 무엇일까?<br>• 사회 구성원들이 문제 해결을 위해서 어떤 노력을 해야 할까? |

1

| 제목 | 한국의 응원 문화에 대한 고찰 |
|---|---|
| 개념/용어 정의 | **응원 문화란?**<br>• 좁은 의미: 운동 경기 등에서 선수들이 힘을 낼 수 있도록 도와주는 것<br>• 넓은 의미: 운동선수, 가수, 배우 등의 유명인이나 특정 분야를 좋아하는 사람들을 의미하는 팬덤(fandom)을 포함하는 것<br>• 여기에서는 넓은 의미로 정의함. |
| 현황 제시 | **세연일보 00년 0월 00일 문화면 기사**<br>"최근 뜨거운 케이팝(K-POP)의 열기" |
| | |
| 문제 제기 | • 한국의 응원 문화는 왜 이렇게 다양하게 발전했을까?<br>• <br>• 한국의 응원 문화에 긍정적 측면 외에 부정적 측면은 없을까? |

국제 노동 기구　　팬덤

2

| 제목 | 대기업의 골목 상권 진출 |
|---|---|
| 개념/용어 정의 | 골목 상권이란?<br>____________<br>____________ |
| 현황 제시 | **한국 신문 OO년 O월 OO일 경제면 기사**<br>"대형 마트 1개 열면 동네 슈퍼 22개 문 닫아" |
| | **대한일보 OO년 O월 OO일 경제면 기사**<br>"골목 상권, 대기업 진출 문제 아니라 경쟁력이 문제" |
| 문제 제기 | • ____________<br>• ____________ |

3

| 제목 | |
|---|---|
| 개념/용어 정의 | |
| 현황 제시 | |
| | |
| 문제 제기 | |

## 2 표현을 익혀 봅시다.

**도움말**

서론은 논문의 시작이다. 서론의 도입부는 먼저 주제와 관련된 현황을 제시하는 것이 효과적이다. 현황을 제시할 때는 한두 문장 정도로 연구 대상과 관련된 통계 자료나 수치를 보여 주고 점점 주제를 좁혀 나가는 것이 좋다. 또한 주요 논문 또는 조사 결과 한두 가지 정도로 정리하는 것도 좋다. 이를 바탕으로 문제를 제기하고 연구 목적을 밝힌다. 다음으로 논문에서 사용할 연구 방법을 제시하고 마지막으로 본문의 내용을 간단하게 소개한다. 이상의 내용을 정리하면 다음과 같다.

개념/용어 정의 → 현황 제시 → 문제 제기

| | |
|---|---|
| 현황 제시하기 | • **올해** 1월 통계청에서 발표한 조사 결과**에 따르면/의하면** 현재 한국의 청년 실업률은 6%, 청년 실업자의 수는 25만 2000명이**라고 한다.**<br>• **지난** 10년**간** 출산율이 급속도로 하락**하면서 여러 가지 문제가 나타나고 있다.**<br>• **현재** 전국적으로 플라스틱을 분리 배출하고 있음**에도 불구하고** 실제 재활용률은 50%에도 미치지 못하**고 있는 실정이다.**<br>• **요즘/최근** 사회적으로 인터넷 1인 미디어**에 대한 관심이 높아지고/증대하고 있다.** |
| 문제 제기하기 | • 청년 실업 **문제는** 다양한 관점에서 고민하고 사회 구성원들이 다 같이 해결을 위해 노력**해야 하는 문제이다.**<br>• **그런데** 체중이 많이 증가하**면 여러 가지 문제가 생기게 된다.**<br>• **그러나** 한국은 아직 난민 문제에 대한 준비**가 여러모로 미흡하다.**<br>• **특히/아울러** 원자재 가격 상승**도** 수출 증대**에 걸림돌이 되고 있다.**<br>• **하지만** 조기 유학**은 좋은 점보다는 부정적인 면이 많다.** |

급속도 미흡하다 원자재

**3** 보기 와 같이 각 논문의 현황과 문제 제기 부분을 써 봅시다.

보기

| 제목 | 청년 실업의 원인과 해결 방안 |
|---|---|
| 개념/용어 정의 | **청년 실업률이란?**<br>: 국제 노동 기구(ILO) 기준으로 15세에서 29세의 경제 활동 인구 중 실업자의 비율 |
| 현황 제시 | **통계청 조사 결과**<br>: 한국의 청년 실업률 6%, 청년 실업자 수 25만 2000명 |
| | **연세 신문 OO년 O월 OO일 사회면 기사**<br>**"현실을 반영한 신조어 유행"**<br>: 88만 원 세대, N포 세대, 대학 5학년, 열정 페이···, 청년 실업 신조어 유행 |
| 문제 제기 | • 청년 실업 문제는 심각한 사회 문제<br>• 사회 구성원들이 다 같이 노력해야 하는 문제 |

청년 실업률이란 국제 노동 기구(ILO) 기준으로 15세에서 29세의 경제 활동 인구 중 실업자의 비율을 말한다. **올해** 1월 통계청에서 발표한 조사 결과**에 따르면** 현재 한국의 청년 실업률은 6%, 청년 실업자의 수는 25만 2000명이**라고 한다.** 이는 작년 4월의 10%, 42만 명에 비하면 감소한 수치이나 여전히 한국의 청년 실업 문제는 심각한 사회 문제라고 할 수 있다. 이를 반영하듯 최근에는 '88만 원 세대', 'N포 세대', '대학 5학년', '열정 페이' 등의 신조어가 유행하기도 했다. 청년 실업 **문제는** 단순히 청년들 개인의 문제가 아니라 사회 구조적 측면, 교육적 측면, 정부 정책의 측면 등 다양한 관점에서 고민하고 사회 구성원들이 다 같이 해결을 위해 노력**해야 하는 문제이다.**

1

| 제목 | 한국의 응원 문화에 대한 고찰 |
|---|---|
| 개념/용어 정의 | **응원 문화란?**<br>• 좁은 의미: 운동 경기 등에서 선수들이 힘을 낼 수 있도록 도와주는 것<br>• 넓은 의미: 운동선수, 가수, 배우 등의 유명인이나 특정 분야를 좋아하는 사람들을 의미하는 팬덤(fandom)을 포함하는 것<br>• 여기에서는 넓은 의미로 정의함. |
| 현황 제시 | **세연일보 OO년 O월 OO일 문화면 기사**<br>"최근 뜨거운 케이팝(K-POP)의 열기" |
| | **서울일보 OO년 O월 OO일 문화면 기사**<br>"한국의 응원 문화에 대한 해외의 관심 증가" |
| 문제 제기 | • 한국과 다른 나라의 응원 문화는 다름.<br>• 한국 내에서도 분야별로 다른 응원 문화 |

응원 문화란 좁은 의미로는 운동 경기 등에서 선수들이 힘을 낼 수 있도록 도와주는 것이며 넓은 의미로는 운동선수, 가수, 배우 등의 유명인이나 특정 분야를 좋아하는 사람들을 의미하는 팬덤(fandom)을 포함하는 것이다. 최근 케이팝(K-POP)의 인기가 뜨거워지면서 한국의 응원 문화에 대한 관심도 높아지고 있다. 좋아하는 연예인이 있는 사람들은 그 연예인이 출연하는 콘텐츠를 적극적으로 소비하면서 여러 가지 다양한 형식으로 그 연예인을 응원한다. 이는 운동선수 또는 스포츠 팀을 응원하는 경우에도 마찬가지이다. ______________________________

______________________________________________

______________________________________________

2

| 제목 | 대기업의 골목 상권 진출 |
|---|---|
| 개념/용어 정의 | **골목 상권이란?**<br>: 주택가의 골목 등에 위치한 소형 슈퍼마켓이나 재래시장의 세력이 미치는 범위 |
| 현황 제시 | **한국 신문 OO년 O월 OO일 경제면 기사**<br>“대형 마트 1개 열면 동네 슈퍼 22개 문 닫아” |
| | **대한일보 OO년 O월 OO일 경제면 기사**<br>“골목 상권, 대기업 진출 문제 아니라 경쟁력이 문제” |
| 문제 제기 | • 대기업의 골목 상권 진출에 대한 찬반 논란이 있음.<br>• 소비자, 지역 상권, 국가 전체에 미치는 영향에 대해 살펴봐야 함. |

골목 상권이란 주택가의 골목 등에 위치한 소형 슈퍼마켓이나 재래시장의 세력이 미치는 범위를 말한다. ______________________________________

______________________________________________

______________________________________________

이처럼 현재 한국은 대기업의 골목 상권 진출에 대한 찬반 논란이 뜨겁다. 따라서 대기업의 골목 상권 진출이 소비자, 지역 상권, 국가 전체에 미치는 영향에 대해 살펴볼 필요가 있다.

재래시장

3

| 제목 | |
|---|---|
| 개념/용어 정의 | |
| 현황 제시 | |
| | |
| 문제 제기 | |

## 쓰기2

표현해 봅시다

1 보기 와 같이 각 논문의 내용과 관련된 연구 목적과 연구 대상, 연구 방법, 본론에 쓸 내용을 표에 써 봅시다.

보기

| 제목 | 청년 실업의 원인과 해결 방안 |
|---|---|
| 연구 목적 | • 청년 실업의 원인 분석<br>• 청년 실업 문제의 해결 방안 찾기 |
| 연구 대상 | • 청년 실업 |
| 연구 방법 | • 관련 논문 찾기<br>• 통계 자료 분석하기<br>• 신문 기사 살펴보기 등 |
| 본론 내용 | 1장 청년 실업의 현황<br>2장 청년 실업의 원인<br>3장 청년 실업의 해결 방안 |

1

| 제목 | 한국의 응원 문화에 대한 고찰 |
|---|---|
| 연구 목적 | • 한국 응원 문화의 특징 분석<br>• |
| 연구 대상 | • 한국의 응원 문화 |
| 연구 방법 | • 관련 논문 찾기<br>• 통계 자료 분석하기<br>• 설문 조사 실시<br>• 등 |
| 본론 내용 | 1장 스포츠 분야의 응원 문화<br>2장<br>3장 한국 응원 문화의 장단점 |

2

| 제목 | **대기업의 골목 상권 진출** |
|---|---|
| 연구 목적 | • 대기업의 골목 상권 진출에 대한 찬반 의견을 살펴보기 |
| 연구 대상 | • 대기업의 골목 상권 진출에 대한 의견 |
| 연구 방법 | • 관련 논문 찾기<br>• ＿＿＿＿＿＿＿＿<br>• ＿＿＿＿＿＿＿＿ 등 |
| 본론 내용 | 1장 대기업의 골목 상권 진출 현황 분석<br>2장 ＿＿＿＿＿＿＿＿<br>1) 소비자에게 미치는 영향<br>2) 지역 상권에 미치는 영향<br>3) 국가 전체에 미치는 영향<br>3장 ＿＿＿＿＿＿＿＿<br>1) ＿＿＿＿＿＿＿＿<br>2) 지역 상권에 미치는 영향<br>3) ＿＿＿＿＿＿＿＿ |

3

| 제목 | |
|---|---|
| 연구 목적 | |
| 연구 대상 | |
| 연구 방법 | |
| 본론 내용 | |

## 2 표현을 익혀 봅시다.

**도움말**

현황을 제시하고 문제를 제기한 후에는 연구 목적과 연구 대상을 밝힌다. 다음으로 논문에서 사용할 연구 방법을 제시하고 마지막으로 본문 내용을 본론의 각 장별로 요약하여 제시함으로써 서론을 마무리한다. 이상의 내용을 정리하면 다음과 같다.

개념/용어 정의 → 현황 제시 → 문제 제기 → 연구 목적 → 연구 대상 → 연구 방법 → 본문 내용 소개

| | |
|---|---|
| 연구 목적, 대상 및 방법 밝히기 | • **이에 본고에서는** 관련 통계 자료**를 통해** 청년 실업 문제**의 현황을 파악하고** 참고 문헌과 신문 기사 자료 등을 검토**함으로써** 청년 실업 문제**의 원인과 해결 방안을 알아보고자/살펴보고자 한다.**<br>• **본고의 목적은 이와 같이** 일회용품 사용 증가의 원인과 개인 및 정부 차원의 대책**을 고찰함으로써** 해결 방안을 찾**는 데에 있다.**<br>• **이 논문은** 한국의 응원 문화를 조사하여 소개하고 장단점을 알아보**는 데에/것에 그 목적이 있다.**<br>• **이에/이를 위해/이상과 같은 이유로/이와 같은 문제의식하에 본고에서는** 65세 이상 노인 100명**에게 실시한 설문 조사 결과를 바탕으로** 노인들의 디지털 소외 현상 해소**의 구체적 방안을 설명할 것이다.** |
| 본문 내용 소개하기 | • **본론에서는 먼저 1장에서** 청년 실업의 현황**에 대해서 살펴볼 것이다. 그리고 2장에서** 청년 실업의 원인**을 알아볼 것이다. 마지막으로 3장에서는** 이와 같은 문제를 해결하**기 위한 해결 방안을 고찰해 보고자 한다.**<br>• **본론에서는 먼저** 에스엔에스(SNS) 중독의 원인을 **분석하고 이어서** 에스엔에스(SNS) 중독**의 문제점을 알아볼 것이다. 그 후 가정과 사회 차원에서 마련할 수 있는 대책을 다각도로/종합적으로 고찰하도록 하겠다.** |

본고 문제의식 다각도

## 3 보기 와 같이 서론을 완성해 봅시다.

보기

| 제목 | 청년 실업의 원인과 해결 방안 | |
|---|---|---|
| 연구 목적 | • 청년 실업의 원인 분석 | • 청년 실업 문제의 해결 방안 찾기 |
| 연구 대상 | • 청년 실업 | |
| 연구 방법 | • 관련 논문 찾기<br>• 통계 자료 분석하기<br>• 신문 기사 살펴보기 등 | |
| 본론 내용 | 1장 청년 실업의 현황<br>2장 청년 실업의 원인<br>3장 청년 실업의 해결 방안 | |

청년 실업률이란 국제 노동 기구(ILO) 기준으로 15세에서 29세의 경제 활동 인구 중 실업자의 비율을 말한다. **올해** 1월 통계청에서 발표한 조사 결과**에 따르면** 현재 한국의 청년 실업률은 6%, 청년 실업자의 수는 25만 2000명이**라고 한다.** 이는 작년 4월의 10%, 42만 명에 비하면 감소한 수치이나 여전히 한국의 청년 실업 문제는 심각한 사회 문제라고 할 수 있다. 이를 반영하듯 최근에는 '88만 원 세대', 'N포 세대', '대학 5학년', '열정 페이' 등의 신조어가 유행하기도 했다. 청년 실업 **문제는** 단순히 청년들 개인의 문제가 아니라 사회 구조적 측면, 교육적 측면, 정부 정책의 측면 등 다양한 관점에서 고민하고 사회 구성원들이 다 같이 해결을 위해 노력**해야 하는 문제이다.**

**이에 본고에서는** 관련 통계 자료**를 통해** 청년 실업 문제의 현황을 파악하고 참고 문헌과 신문 기사 자료 등을 검토**함으로써** 청년 실업 문제**의 원인과 해결 방안을 살펴보고자 한다. 본론에서는 먼저 1장에서** 청년 실업의 현황**에 대해서 살펴볼 것이다. 그리고 2장에서** 청년 실업의 원인**을 알아볼 것이다. 마지막으로 3장에서는** 이와 같은 문제를 해결하**기 위한 해결 방안을 고찰해 보고자 한다.**

1

| 제목 | 한국의 응원 문화에 대한 고찰 | |
|---|---|---|
| 연구 목적 | • 한국 응원 문화의 특징 분석 | • 한국 응원 문화의 장단점 분석 |
| 연구 대상 | • 한국의 응원 문화 | |
| 연구 방법 | • 관련 논문 찾기<br>• 설문 조사 실시 | • 통계 자료 분석하기<br>• 신문 기사 살펴보기 등 |
| 본론 내용 | 1장 스포츠 분야의 응원 문화<br>2장 대중문화 분야의 응원 문화<br>3장 한국 응원 문화의 장단점 | |

응원 문화란 좁은 의미로는 운동 경기 등에서 선수들이 힘을 낼 수 있도록 도와주는 것이며 넓은 의미로는 운동선수, 가수, 배우 등의 유명인이나 특정 분야를 좋아하는 사람들을 의미하는 팬덤(fandom)을 포함하는 것이다. 최근 케이팝(K-POP)의 인기가 뜨거워지면서 한국의 응원 문화에 대한 관심도 높아지고 있다. 좋아하는 연예인이 있는 사람들은 그 연예인이 출연하는 콘텐츠를 적극적으로 소비하면서 여러 가지 다양한 형식으로 그 연예인을 응원한다. 이는 운동선수 또는 스포츠 팀을 응원하는 경우에도 마찬가지이다. 이러한 한국의 응원 문화는 다른 나라의 응원 문화와는 다른 특징을 보인다. 또한 한국 내에서도 각 분야별로 다른 응원 문화를 찾아볼 수 있다.

_______________________________________________

_______________________________________________

본론에서는 먼저 스포츠 분야의 응원 문화에 대해 살펴보고 이어서 대중문화 분야의 응원 문화를 알아볼 것이다. 그 후 한국의 응원 문화에서 나타나는 장단점을 다각도로 고찰하도록 하겠다.

2

| 제목 | 대기업의 골목 상권 진출 |
|---|---|
| 연구 목적 | • 대기업의 골목 상권 진출에 대한 찬반 의견을 살펴보기 |
| 연구 대상 | • 대기업의 골목 상권 진출에 대한 의견 |
| 연구 방법 | • 관련 논문 찾기 • 통계 자료 분석하기<br>• 신문 기사 살펴보기 등 |
| 본론 내용 | 1장 대기업의 골목 상권 진출 현황 분석<br>2장 대기업의 골목 상권 진출 찬성 의견<br>1) 소비자에게 미치는 영향<br>2) 지역 상권에 미치는 영향<br>3) 국가 전체에 미치는 영향<br>3장 대기업의 골목 상권 진출 반대 의견<br>1) 소비자에게 미치는 영향<br>2) 지역 상권에 미치는 영향<br>3) 국가 전체에 미치는 영향 |

골목 상권이란 주택가의 골목 등에 위치한 소형 슈퍼마켓이나 재래시장의 세력이 미치는 범위를 말한다. 한국 신문 2021년 5월 18일자 경제면 기사에 의하면 대형 마트 1개를 열면 동네 슈퍼 22개가 문을 닫는다고 한다. 한편 대한일보 2022년 6월 2일 기사에 따르면 골목 상권은 대기업 진출이 문제가 아니라 경쟁력이 문제라고 보는 주장도 있다. 이처럼 현재 한국은 대기업의 골목 상권 진출에 대한 찬반 논란이 뜨겁다. 따라서 대기업의 골목 상권 진출이 소비자, 지역 상권, 국가 전체에 미치는 영향에 대해 살펴볼 필요가 있다.

본고의 목적은 이와 같이 최근 논란이 되고 있는 대기업의 골목 상권 진출에 대한 찬반 의견을 관련 논문, 통계 자료, 신문 기사 등을 통해 살펴보는 데에 있다. ____________________

3

| 제목 | |
|---|---|
| 연구 목적 | |
| 연구 대상 | |
| 연구 방법 | |
| 본론 내용 | |

Ⅲ. 정리해 봅시다

자신이 쓴 서론과 친구가 쓴 서론을 서로 비교·분석해 보고 부족한 부분을 보완해 봅시다.

**1** 자신이 작성한 논문의 서론을 PPT로 만들어 봅시다.

**제목:**

부제목:

발표자:

**개념/용어 정리**

__________란?

**현황 제시**

**문제 제기**

**연구 목적**

**연구 대상 및 연구 방법**

1. 연구 대상
2. 연구 방법

**본론 내용**

**2** 위에서 만든 PPT 내용으로 서론을 발표해 봅시다.

문화

# 경제 개발 5개년 계획

한국의 경제 개발 5개년 계획은 국민 경제 발전을 목적으로 5년 단위로 짜여 매우 짧은 시간에 고도성장이 가능하도록 추진되었던 경제 계획을 말한다. 정부 주도의 외국 자본의 도입 및 수출 정책 등을 바탕으로 한국의 산업은 노동 집약적 산업에서 중화학 및 중공업으로 확대되었고 그 결과 해외에서 '한강의 기적'이라고 불리는 경제 성장을 이루었다.

한국 정부는 1962년부터 1966년까지 제1차 경제 개발 5개년 계획을 수립하고 시멘트와 비료 등의 산업을 육성하였으며 외국 자본의 도입을 통해 사회 간접 자본을 확충하여 경제 성장의 발판을 마련하였다. 그리고 제2차 경제 개발 계획(1967~1971)을 통해 경부 고속 도로를 완공하였으며 경공업과 비료, 시멘트, 정유 산업을 발전시켰다. 특히 경부 고속 도로는 한국 최초의 고속 국도로서 경제 개발 계획의 성공적 추진과 당시 최대 과제였던 육로 수송 체계의 개혁을 위해 2년 6개월 만에 완공된 고속 도로이다. 이후 제3~5차 경제 개발 계획(1972~1986)에서 정부는 중화학 공업과 조선, 자동차 등의 중공업으로 산업을 확대, 발전시켰다. 제6차 경제 개발 계획(1987~1991)에서는 국민연금 제도를 도입하였으며 1992년부터 1997년까지 시행된 마지막 경제 개발 계획에서는 금융 실명제를 실시함으로써 타인의 명의로 금융 거래를 할 수 없도록 제도적 장치를 마련하였다.

이러한 정부 주도의 경제 계획 실시 결과 한국 경제 규모의 확대와 경제 구조의 고도화, 고용 증대, 소득 증대 등을 이루었다. 제1차 경제 개발 계획이 시작되었던 1962년 한국의 1인당 국내 총생산(GNP)은 13,800원이었으나 2021년에는 3976만 원으로 증가하였다. 그러나 경제의 대외 의존이 심화되고 농업과 공업 간 그리고 대기업과 중소기업 간 불균형 심화, 빈부 격차 등 사회 모순이 격화되는 부작용을 낳기도 했다.

고도성장 집약적 육성 사회 간접 자본 확충 발판 수송 격화

# 7과 경제와 사회

• 학습 목표: 논거를 들어 반박하고 예시를 들거나 인용하여 말할 수 있다.

## Ⅰ. 준비해 봅시다

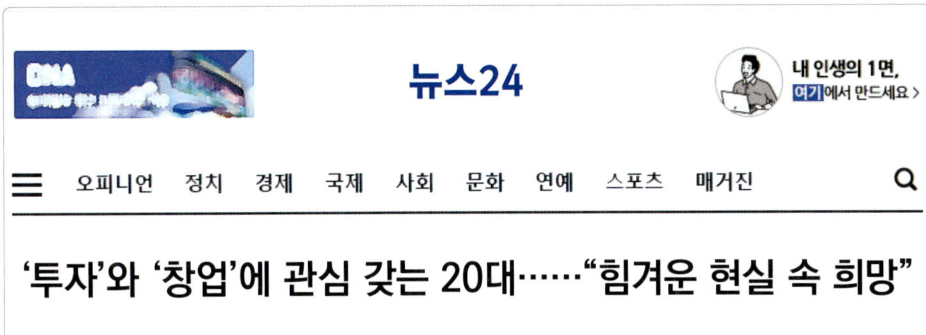
뉴스24

내 인생의 1면, 여기에서 만드세요 >

오피니언 정치 경제 국제 사회 문화 연예 스포츠 매거진

**'투자'와 '창업'에 관심 갖는 20대……"힘겨운 현실 속 희망"**

- 여러분이 창업을 한다면 도전하고 싶은 분야가 있습니까?
- 과거에 비해 사람들이 투자와 창업에 관심이 많아진 이유가 무엇이라고 생각합니까?

Ⅱ. 표현해 봅시다

## 1 보기 와 같이 상대방과 다른 의견을 이야기해 봅시다.

| 주제 | 윤아의 의견 | 유키의 의견 |
|---|---|---|
| 보기 커피숍 창업 | • 대학 졸업 후 커피숍 창업을 하면 어떨까? | • 과연 커피숍 장사가 잘될까? |
| ① 주택 구입 시 자금 출처를 밝힐 의무 | • 집을 살 때 자금 출처를 밝힐 필요가 있을까? | • 집을 장만할 큰돈이 어디에서 생겼는지를 밝힐 필요가 있음. |
| ② 동물 안락사 | • 사람을 공격한 동물이나 병에 걸린 동물의 안락사를 허용하면 어떨까? | • 동물 안락사를 쉽게 허용해서는 안 됨. |
| ③ 담뱃갑 경고 그림 | • 담뱃갑에 혐오스러운 경고 그림을 넣으면 흡연율을 줄이는 데 도움이 되지 않을까? | • 여러 사람에게 혐오감만 줄 뿐 흡연율을 줄이는 데 효과가 없음. |

보기

**유키:** 윤아 씨, 졸업 후에 창업을 계획하고 있다고 들었어요. 생각하고 있는 창업 업종이 있어요?

**윤아:** 네, 저는 이번에 졸업하고 창업에 도전해 보려고요. 지하철역 근처에 작은 커피숍을 열까 생각 중이에요. 요즘 커피숍에 안 가는 사람이 없잖아요.

**유키:** 글쎄요, 저는 좀 다른 생각인데요. 요즘에 커피숍이 과연 장사가 잘될까요? 제 생각에는 크게 성공할 수는 없을 것 같은데요.

출처　담뱃갑　혐오스럽다

## 2 표현을 익혀 봅시다.

**도움말**

다른 사람의 의견이나 주장에 반대하며 반박할 때에는 자신의 생각을 분명히 밝히면서 그렇게 생각하는 이유와 근거를 제시하는 것이 좋다. 이유와 근거를 제시할 때에는 중요도, 선후 관계 등 일정한 기준에 따라 배열하는 것이 좋다. 적절한 순서에 따라 논거를 제시하면 논리적으로 말할 수 있다. 반박을 할 때에는 상대방의 감정이 상하지 않도록 주의하면서 예의를 갖춰서 자신의 의견을 전달해야 한다.

| | |
|---|---|
| 반박하기 | • **제 생각은 좀 다릅니다.**<br>• 주택 구입 시 자금 출처를 밝히는 것이 불필요하**다는** 윤아 **씨의 의견에 동의하기가 어렵습니다.**<br>• 유키 **씨가 방금 말씀하신** 공공 기관 중심으로 채용 인원을 늘리면 실업률을 줄일 수 있**다는 의견은 타당하지 않다고 봅니다.**<br>• 외국인 비자 규제 완화만으로 외국인의 국내 투자가 활성화될 거**라고 하셨는데 오히려** 이에 따른 부작용이 더 크**지 않을까요?** |
| 반박의 논거 제시하기 | • **제가 다른 의견을 말씀드리는 이유는** 담뱃갑에 경고 그림을 넣은 후에도 흡연율에 변화가 없었다는 조사 결과가 있**기 때문입니다.**<br>• 말씀하신 내용이 이론적으로는 맞지만 실제 현장 상황과 다르**다는 점에서** 한계가 있**다고 생각합니다.**<br>• **제 입장이 다른 근거로 다음 세 가지 이유를 들 수 있습니다.**<br>• 기여 입학제**에 대해서 반대하는 이유는 첫째,** 형평성에 문제가 생기기 때문입니다. **둘째,** 입시 비리 문제가 생기기 쉽습니다. **마지막으로** 기여 입학제를 통해 입학한 학생들의 학습 능력이 떨어진다는 것입니다. |

논거 중요도 활성화 기여 입학제 비리

## 3 보기 와 같이 이야기해 봅시다.

| 주제 | 윤아의 의견 | 유키의 의견 |
|---|---|---|
| 보기<br>커피숍 창업 | • 커피를 즐기는 사람이 많으므로 커피숍은 장사가 잘될 것임. | • 과다한 점포 수<br>• 원료 수입 의존도가 높아서 변수가 많음.<br>• 사전 점검 필요 |
| ①<br>주택 구입 시 자금 출처를 밝힐 의무 | • 주택을 구매하는 것은 자유이므로 자금 출처를 밝힐 필요가 없음. | • 자금 출처를 투명하게 밝힘으로써 무분별한 투기 억제<br>• 부동산의 불법 증여 예방<br>• 부동산 가격 상승 억제 효과 |
| ②<br>불매 운동 | • 부도덕한 대표가 운영하는 회사에서 만든 물건을 사지 말아야 함. | • 잘못이 없는 다수의 직원들과 그 가족들에게 피해가 감.<br>• 법적으로 처리할 일<br>• 대표의 도덕성과 제품의 품질은 무관함. |
| ③<br>청소년의 세 시간 이상 인터넷 방송 출연 금지 | • 청소년을 신체·정서적으로 학대하는 행위를 막기 위한 대책임. | • 청소년의 표현의 자유와 권리를 침해하는 결정<br>• 인터넷 방송의 내용 구성에 많은 제약이 따르게 될 것임.<br>• 금지가 아니라 청소년 보호를 위한 대책이 필요함. |

보기

**윤아:** 최근 커피를 즐기는 사람이 많아져서 커피숍은 정말 장사가 잘될 것 같아요. 그래서 저도 커피숍을 열어 볼까 해요.

**유키:** 글쎄요, **제 생각은 좀 다른데요.** 전망이 좋은 업종**이라고 하셨는데 오히려** 너나없이 도전하는 업종이기 때문에 어려움이 더 크**지 않을까요?** 경쟁에서 살아남기 위한 차별점이 없는 한 큰돈을 벌기란 쉽지 않을 거라고 생각해요. 또 커피 원료인 원두를 수입해야 하잖아요. 원산지의 상황과 배송 문제까지 고려해야 한**다는 점에서** 결코 쉽게 도전할 수 있는 분야는 아니**라고 생각해요.**

**윤아:** 그런가요? 저는 거기까지 생각해 보지는 못했어요.

**유키:** **마지막으로** 창업에 대해서 너무 쉽게 생각하고 무조건 낙관적으로만 봐서는 안 된다고 생각해요. 창업하기 전에 어려움을 예상해 보고 직면할 수 있는 여러 문제점에 대해서도 자세히 조사하는 게 좋을 것 같아요.

점포 변수 억제 증여 불매 운동 직면하다

## 1. 표현해 봅시다

**1** 보기 와 같이 이야기해 봅시다.

| | | |
|---|---|---|
| 보기 | 주식 투자의 기본<br>강사: 연세 투자 회사 대표 강민수 | • "달걀을 한 바구니에 담지 마라."<br>• "선풍기는 겨울에 사라." |
| ① | 세연일보 3월 20일<br>공동 창업 증가, 신생 기업의 성공 비결 | • "1 더하기 1은 2가 아니라 무한대"<br>• "혼자서는 한 방울, 모이면 바다" |
| ② | 서울일보 1월 26일<br>손님 갑질에도……인터넷 평점 위해 눈물 참는 가게 주인들 | • "울며 겨자 먹기"<br>• "아프니까 사장이다." |
| ③ |  | • "끝날 때까지 끝난 게 아니다."<br>• "나이는 숫자에 불과하다." |

**보기**

**하늘:** 주앙 씨, 혹시 며칠 전에 연세 투자 회사 강민수 대표의 주식 투자에 대한 특별 강의를 들었어요?

**주앙:** 네, 요즘 주식 투자로 성공한 젊은 사람들이 많다는 이야기를 듣고 저도 주식 투자에 관심이 생겨서 그 강의를 들었어요. 한 번에 한 회사의 주식에만 투자하면 위험하니까 꼭 분산 투자를 하라고 하던데요.

**하늘:** 그렇군요. 하긴 달걀을 한 바구니에 담지 말라고 하잖아요.

**주앙:** 그런 말이 있어요?

**하늘:** 네, 또 주식 투자의 기본을 이야기할 때 선풍기는 겨울에 사라는 말도 많이 해요. 당장 눈앞의 이익만 생각하지 말고 미래를 보고 투자하라는 뜻이지요.

신생 무한대 갑질 평점 최고령 분산 투자

## 2 표현을 익혀 봅시다.

### 도움말

이미 잘 알려진 속담이나 명언, 영향력 있는 사람의 발언 등을 인용하여 말하면 더 설득력 있게 자신의 의도를 전달할 수 있다.

또한 이야기를 할 때 구체적인 사례를 들어서 설명하면 듣는 사람의 이해를 도울 수 있다. 특히 전문적인 분야에 대해서 설명할 때 어려운 전문 용어를 다시 알기 쉽게 예를 들어 설명하거나 주장을 펼칠 때 그 근거로 실제 사례를 덧붙여 말하면 좋다.

| | |
|---|---|
| 인용하기 | • **어느** 유명한 기업가가 1 더하기 1은 2가 아니라 무한대**라는 말을 했습니다.**<br>• **옛 속담에도** 백지장도 맞들면 낫다**라는 말이 있지 않습니까?**<br>• "항상 갈망하라, 그리고 우직하게 시도하라." 한 유명 인사**가 남긴 이 말처럼** 쉽게 만족하지 않고 끊임없이 새로운 시도를 하는 태도가 중요하**다고 생각합니다.**<br>• 어느 작가**의** 혼자서는 한 방울, 모이면 바다**라는 말은** 여러 사람이 모이면 힘이 강해진다**는 뜻을 나타낼 때 쓰는 표현입니다.** |
| 예시 들어 말하기 | • **예를 들어 말씀드리면** 최근 급성장한 K 그룹도 2명으로 이루어진 공동 대표 체제를 갖추고 있습니다.<br>• **아시는 바와 같이** 한강 부근 L 아파트는 하루 만에 7천만 원이 올랐**다는 예도 있습니다.**<br>• 공유 경제 개념에 따라서 하나의 매장을 시간대별로 여러 사람이 나누어 쓰**는 경우도 볼 수 있습니다.**<br>• 대학생 김 모 씨의 **사례에서 보신 바와 같이** 창업에 대한 대학생들의 관심이 갈수록 높아지고 있습니다. |

백지장 맞들다 갈망하다 우직하다 시간대

## 3 보기 와 같이 사례를 들어 자신의 의견을 이야기해 봅시다.

| 보기 나의 의견 | 주식 투자는 안정성을 고려해서 분산 투자를 해야 한다. |
|---|---|
| 예시 | • 사례 1<br>정재원 (34세, 『회사원의 주식 투자 성공기』 저자): 분산 투자를 했을 때 수익이 높았음.<br><br>• 사례 2<br>이세연 (49세, 주부): 욕심을 부려서 한 회사의 주식에 큰돈을 투자했다가 빚을 진 경험이 있음. |
| ① 나의 의견 | '협업'이 중시되는 시대, 2인 이상이 공동 창업하는 것이 좋다. |
| 예시 | • 사례 1<br>서울 전자: 3명의 젊은 사업가가 공동으로 창업함. 3명의 전공 분야가 달라서 디자인과 성능이 고루 뛰어난 가전제품이 만들어짐.<br><br>• 사례 2<br>연세 기업: 요즘 급성장한 연세 기업은 대표가 2명임. 대표 한 사람의 권위와 능력이 아닌 다양한 아이디어가 중시되는 분위기 |
| ② 나의 의견 | 백화점은 고급화 전략을 적극적으로 활용해야 한다. |
| 예시 | • 사례 1<br>명동 백화점: 작년에 명품관 규모를 확대한 후 매출이 늘었음. 신상품이 출시될 때마다 많은 사람들이 아침부터 줄을 서는 일이 일어남.<br><br>• 사례 2<br>여의도 백화점: 식품 매장의 실내를 고급스럽게 꾸미고 고가의 유기농 식품을 판매하자 중년층 고객의 소비가 급증함. |
| ③ 나의 의견 | 총알 배송 서비스는 장점보다 단점이 훨씬 많다. |
| 예시 | • 사례 1<br>택배 노동자: 업체 간 경쟁이 심해지면서 과로로 숨진 택배 노동자가 작년 한 해에만 16명임.<br><br>• 사례 2<br>소비자: 물품 파손, 배송 장소 오류 등 원하는 물건을 정확히 배달 받지 못하는 일이 자주 발생 |

성공기 협업 고급화 명품관 총알 배송

말하기 2

## Ⅱ. 표현해 봅시다

보기

최근 주식 투자에 대한 사람들의 관심이 높아지면서 효과적인 투자 방법에 대한 의견도 분분합니다. 여러 참고 자료를 살펴본 결과 저는 분산 투자가 가장 효과적이라고 생각합니다. 주식은 공격적으로 투자해야 한다는 사람도 있지만 저는 생각이 다릅니다. 미국의 한 유명 투자자의 투자에 성공했다는 것은 수익을 얻은 게 아니라 잃지 않았다는 것을 의미한다는 말처럼 손해를 최소화하는 것 또한 이익을 내는 것만큼 중요하다고 봅니다.

**예를 들어 말씀드리자면** 요즘 주식 투자 성공 경험을 책으로 내서 인기를 끌고 있는 34세 회사원 정재원 씨는 분산 투자를 했을 때 수익이 높았다고 했습니다. 반대로 분산 투자를 하지 않아서 손해를 입**은 경우도 볼 수 있습니다.** 49세 주부 이세연 씨는 몇 년 전 큰 수익을 얻기 위해서 가진 돈을 하나의 회사에 모두 투자하고서 일주일 만에 빚더미에 앉게 되었다고 합니다. 이 씨의 **사례에서 보신 바와 같이** 분산 투자를 하지 않음으로써 나타나는 부작용은 우리가 상상하는 것보다 훨씬 더 심각합니다.

## Ⅲ. 정리해 봅시다

여러분 나라에서 창업과 투자에 성공한 사례에 대해서 친구들과 이야기해 봅시다.

분분하다 공격적 빚더미

# 8과 정치와 사회

• 학습 목표: 전문적인 글의 본론을 쓸 수 있다.

## Ⅰ. 준비해 봅시다

**평소 정치에 대한 관심 정도** (단위: %)

OO년 1월 1~4일 만 16~39세 청년 **205명** 대상 심층 인터뷰

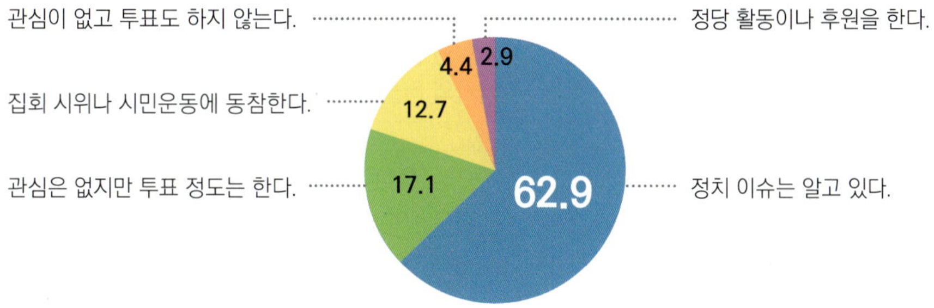

- 여러분은 정치에 관심을 가지고 있습니까?
- 국민들이 정치에 참여하는 방법에는 어떤 것이 있습니까?

## 쓰기1

Ⅱ. 표현해 봅시다

**1** 보기 와 같이 써 봅시다.

보기

| 제목 | 청년 실업의 원인과 해결 방안 |
|---|---|
| 한국의 청년 실업 문제가 심각하다 | **정부의 구인, 구직 동향 조사 결과 자료**<br>: 구인보다 구직 희망이 많음. |
| | **한국 경제 연구원 분석 결과**<br>: 한국 청년 실업률 증가율이 OECD 37개국 중 3위 |
| | **통계청 경제 활동 인구 조사 결과 자료**<br>: 연령대별 취업자의 비율에서 20대를 보면 다른 연령대에 비해 고용률이 낮음. |

정부에서 매년 발표하고 있는 구인, 구직 동향 조사 결과를 보면 구인보다 구직 희망이 많은 것으로 나타났다. 그리고 한국 경제 연구원이 분석한 결과 한국의 청년 실업률 증가율은 OECD 국가들 중 세 번째로 큰 것으로 조사됐다. 통계청의 경제 활동 인구 조사 결과 중 연령별 고용률을 살펴보면 현재 20~29세의 연령별 고용률은 다른 연령대에 비해서 낮은 수치를 보이고 있다.

1

| 제목 | 한국의 응원 문화에 대한 고찰 |
|---|---|
| 한국 대중문화 분야의 응원에는 특징이 있다 | 상징 색깔 |
| | 촬영 장소에 도시락, 커피 차, 간식 차를 보냄. |
| | 팬들이 TV 광고, 건물 위 전광판, 지하철역, 버스 정류장, 쇼핑몰 기둥 등에 광고를 함. |

스포츠 분야의 응원 문화와 마찬가지로 대중문화 분야의 응원에서는 특히 가수의 경우 그 가수를 상징하는 색깔이 있다. 응원하는 가수에게 힘을 주기 위한 행위라는 점에서 스포츠 분야의 응원 문화와 유사하다고 할 수 있다. 또한 응원하는 연예인의 촬영 장소에 도시락 또는 커피 차, 간식 차를 보내기도 한다.

대중문화 분야의 응원 문화 중 특징적인 것은 ______________________

______________________________________________

______________________________________________

______________________________________________

2

| 제목 | 한국 청년층의 정치에 대한 인식 조사 |
|---|---|
| 청년들이 생각하는 정치에 관심을 가져야 하는 이유 | 정부를 감시, 통제해야 해서 |
| | 독재 정부의 출현을 방지해야 해서 |

다음으로 청년들에게 정치에 관심을 가져야 한다고 생각하는 이유에 대해 물어보았다. ____

3

| 제목 | |
|---|---|
| | |
| | |

독재 출현

## 2 표현을 익혀 봅시다.

**도움말**

논문의 본론 부분에서는 주제에 맞는 방식으로 논리를 전개해 나간다. 먼저 문제 해결형 논문의 경우 문제점을 객관적으로 기술하고 원인을 다각도에서 분석해야 한다. 또한 구체적이고 실제적인 해결 방안을 제시해야 한다. 그리고 어떤 대상의 특징을 설명하는 논문의 경우 논의 대상의 특징과 장단점을 명료하게 정리하여 제시하는 것이 중요하다. 마지막으로 찬성과 반대 또는 두 가지 이상의 의견이 존재하는 논쟁적 주제에 대해 자신의 입장을 논술하는 논문의 경우에는 자신의 주장과 함께 나의 입장과 다른 의견에 대한 한계점을 같이 논하는 것이 좋다. 이때 반박의 근거가 되는 구체적 사례나 이론, 수치 등을 제시하는 것이 효과적이다.

| | |
|---|---|
| 주제문 쓰기 | • 연애와 결혼, 출산을 포기하는 3포 세대를 지나 취업과 내 집 마련을 포기하는 5포 세대의 출현으로 이어지고 있을 정도로 청년들의 실업 문제**는 심각하다.**<br>• 우리는 해양 생물 멸종 위기의 심각성을 사람들에게 널리 알려**야 한다.**<br>• 신기술 개발에 **부정적인 견해를 가진 사람이 많다.**<br>• **이상의 사례를 통해서** 급격한 무인화 시스템으로의 전환은 여러 가지 문제를 발생시킬 수 있음**을 알 수 있었다.**<br>• **따라서** 고령화 문제는 현재 우리 사회에서 가장 중요하게 다루어져야 할 문제**라고 결론을 내릴 수 있다.** |
| 객관적인 근거 제시하기 | • **조사 결과를 보면/분석 결과에 따르면** 2021년 현재 구직을 원하는 사람은 390만 명이지만 구인은 200만 명에 미치지 못하**는 것으로 나타났다.**<br>• OECD 국가들의 청년 고용 지표**를 분석한 결과** 한국의 청년 실업률 증가율은 OECD 국가들 중 세 번째로 **큰 것으로 조사됐다.**<br>• 연령별 고용률**을 살펴보면** 2022년 1월 현재 20~29세의 연령별 고용률은 58.8%로 30~39세 76.2%, 40~49세 77.2%, 50~59세 75.3%에 비해서 10% 이상 낮은 수치**를 보이고 있다.**<br>• 우리가 탄소 배출 문제**에 관심을 가져야 하는 이유는 다음과 같다.** 환경부**에서 발표한 자료에 따르면** 현재의 탄소 배출량을 유지할 경우 30년 후에는 물 부족, 해수면 상승 등의 기후 위기로 2억 명 이상의 이재민이 발생할 것이**라고 한다.** |

멸종　무인화　내리다　지표　해수면

## 3 자료를 참고하여 보기 와 같이 써 봅시다.

보기

| 제목 | **청년 실업의 원인과 해결 방안** |
|---|---|
| **한국의 청년 실업 문제가 심각하다.** | |
| **(1) 정부의 구인, 구직 동향 조사 결과 자료**<br>: 구인보다 구직 희망이 많음. | |
| 근거 | e-나라지표 사이트<br>(https://www.index.go.kr) |
| **(2) 한국 경제 연구원 분석 결과**<br>: 한국 청년 실업률 증가율이 OECD 37개국 중 3위 | |
| 근거 | 연세일보 2020.10.19. 기사<br>: 한국 청년 실업률 증가율, OECD 회원국 중 3위… 청년 4명 중 1명 백수 |
| **(3) 통계청 경제 활동 인구 조사 결과 자료**<br>: 연령대별 취업자의 비율에서 20대를 보면 다른 연령대에 비해 고용률이 낮음. | |
| 근거 | 통계청 사이트 (https://kostat.go.kr)<br>: 15~19세 8.6%, 20~29세 58.8%. 30~39세 76.2%,<br>40~49세 77.2%, 50~59세 75.3% |

정부에서 매년 발표하고 있는 구인, 구직 동향 **조사 결과를 보면** 올해 구직을 원하는 사람은 390만 명이지만 구인은 200만 명에 미치지 못하고 있**는 것으로 나타났다.** 그리고 한국 경제 연구원이 최근 10년간 OECD 국가들의 청년 고용 지표를 **분석한 결과** 한국의 청년 실업률 증가율은 OECD 국가들 중 세 번째로 큰 **것으로 조사됐다. 분석 결과에 따르면** OECD 37개국 중 청년 실업률이 증가한 나라는 6개국이었으며 지난 10년 동안 다른 37개 국가들의 청년 실업률이 평균 4.4%P 감소하는 동안 한국은 0.9%P 증가**한 것으로 나타났다.**

통계청의 경제 활동 인구 조사 결과 중 연령별 고용률을 **살펴보면** 현재 20~29세의 연령별 고용률은 58.8%로 30~39세 76.2%, 40~49세 77.2%, 50~59세 75.3%에 비해서 10% 이상 낮은 수치를 **보이고 있다.** 앞서 본 20대의 낮은 고용률의 문제점은 취업 이후에도 학자금 대출 상환 등의 이유로 경제적인 어려움을 겪는다는 점이다. 이에 연애와 결혼, 출산을 포기하는 3포 세대를 지나 취업과 내 집 마련을 포기하는 5포 세대의 출현으로 이어지고 있을 정도로 청년들의 실업 문제**는 심각하다.**

1

| 제목 | 한국의 응원 문화에 대한 고찰 |
|---|---|
| 한국 대중문화 분야의 응원에는 특징이 있다. | |
| **(1) 상징 색깔** | |
| 근거 | 세연일보 2022.3.10. 기사<br>: “기다렸어요” 잠실 뒤덮은 BTS 보랏빛 물결 |
| **(2) 촬영 장소에 도시락, 커피 차, 간식 차를 보냄.** | |
| 근거 | 연세 신문 2022.3.12. 기사<br>: 배우 이두영, 팬들 커피 차 선물에 감동 “고마워요” |
| **(3) 팬들이 TV 광고, 건물 위 전광판, 지하철역, 버스 정류장, 쇼핑몰 기둥 등에 광고를 함.** | |
| 근거 | 대한 신문 2020.5.5. 기사<br>: “생일 축하해” 뮤지컬 배우 김선리를 위한 팬들의 전광판 광고 선물 |

스포츠 분야의 응원 문화와 마찬가지로 대중문화 분야의 응원에서는 특히 가수의 경우 그 가수를 상징하는 색깔이 있다. 그리고 콘서트에서는 그 가수를 나타내는 응원봉이나 슬로건을 흔들며 노래에 맞춰 응원 구호를 외치는데 응원하는 가수에게 힘을 주기 위한 행동이라는 점에서 스포츠 분야의 응원 문화와 유사하다고 할 수 있다.

또한 ______________________________

____________________________________

____________________________________

____________________________________

대중문화 분야의 응원 문화 중 특징적인 것은 팬들이 응원하는 연예인의 인지도를 올리기 위해서 돈을 모아 그 연예인의 광고를 하는 것이다. 보통 그 연예인의 생일, 데뷔일, 앨범 발매일 등 특별한 날을 기념하여 건물 위 전광판, 지하철역이나 버스 정류장의 벽면, 쇼핑몰의 기둥 등에 광고를 한다. 간혹 자신이 응원하는 연예인이 TV 프로그램에 출연하면 그 프로그램의 광고 시간을 구입하여 광고하기도 한다.

뒤덮다　　인지도

2

| 제목 | 한국 청년층의 정치에 대한 인식 조사 |
| --- | --- |
| 청년들이 생각하는 정치에 관심을 가져야 하는 이유 | |
| (1) 정부를 감시, 통제해야 해서 | |
| 근거 | 한국민족문화대백과사전 사이트 (http://encykorea.aks.ac.kr/)<br>: 6월 항쟁 |
| | MBS 2016년 11월 26일 뉴스<br>: "대통령 퇴진 촉구" 사상 최대 촛불 집회 시작 |
| (2) 독재 정부의 출현을 방지해야 해서 | |
| 근거 | 한국민족문화대백과사전 사이트 (http://encykorea.aks.ac.kr/)<br>: 4.19 혁명, 부마 민주 항쟁, 5.18 광주 민주화 운동, 6월 항쟁 |

다음으로 청년들에게 정치에 관심을 가져야 한다고 생각하는 이유에 대해 물어보았다. ______

항쟁 퇴진 촉구 사상 집회 혁명

3

| 제목 | |
|---|---|
| | |
| (1) | |
| 근거 | |
| (2) | |
| 근거 | |
| (3) | |
| 근거 | |

표현해 봅시다

## 1 보기 와 같이 써 봅시다.

보기

| 제목 | 청년 실업의 원인과 해결 방안 |
|---|---|
| 해결 방안 | (1) 정부의 정책 변화<br>(2) 기업의 제도 변화<br>(3) 청년의 가치관 변화 |

청년 실업의 해결 방안은 다음과 같다. 첫째, 정부 정책이 변화해야 한다. 청년 취업에 직접적으로 도움을 주기 위해서는 더 강력하고 실효성 있는 대책을 마련해야 한다. 둘째, 정부의 정책 변화에 맞춰 기업의 제도 변화가 뒤따라야 한다. 셋째, 청년들의 가치관이 변화해야 한다.

1

| 제목 | 한국의 응원 문화에 대한 고찰 |
|---|---|
| 장점 | (1) 함께 응원하며 결속력이 생김.<br>(2) 스포츠, 대중문화 분야의 성장<br>(3) 선행이 이루어짐.<br>(4) 스타와 연결되어 있음을 느낌. |

이러한 한국의 응원 문화에는 여러 장점이 있다. 첫째, 함께 응원하는 사람들 사이에 '우리는 하나'라는 결속력이 생긴다. 둘째, 적극적인 응원 문화를 통해 스포츠 분야, 대중문화 분야의 성장이 이루어진다. ____________________

____________________

____________________

2

| 제목 | 한국 청년층의 정치에 대한 인식 조사 |
|---|---|
| 결과 분석 | 청년층의 정치에 대한 관심 정도 |

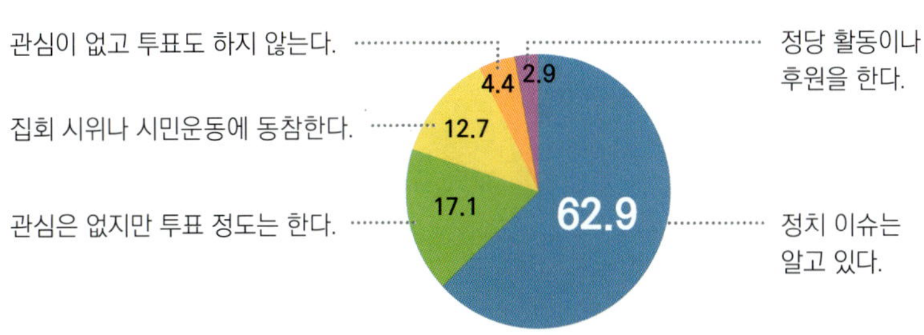


실효성 결속력 정당 동참하다

20대 청년 200명을 대상으로 실시한 설문 조사 결과를 분석하면 다음과 같다.

3

| 제목 | |
|---|---|
| | |

## 2 표현을 익혀 봅시다.

**도움말**

논문에서 특징, 해결 방안, 자신의 의견 등을 기술할 때는 객관적인 사실이나 통계 자료, 인정받은 학설 등의 증거와 데이터를 가져와서 구체적으로 제시한다.

| | |
|---|---|
| 특징 기술하기 | • **이러한** 한국의 응원 문화**에는 여러 장점이 있다.**<br>• 한국의 응원 문화**에는 이러한 여러 장점들이 있는 반면에 단점도 존재한다.**<br>• **이상의 설문 조사를 통해 알 수 있었던** 한국 청년층의 정치의식**의 특징은 다음과 같다.**<br>• **통계 조사 결과에서 나타난 것처럼** 청년들의 정치에 대한 무관심 현상**은 앞으로도 지속될 것으로 생각된다.**<br>• 현재의 저출산 현상**은 이런 점들이 반영된 결과라고 볼 수 있다.** |
| 해결 방안 제시하기 | • **본고에서 제시하는** 청년 실업**의 해결 방안은 다음과 같다.**<br>• **이러한 문제를 해결하기 위해서는 다음과 같은 방안을 생각해 볼 수 있다.**<br>• **이 시점에서 가장 필요한 것은** 개인**과** 사회**의 공조이다.**<br>• 직장 내 어린이집 설치**야말로 가장 확실한 해결 방안일 것이다.**<br>• '아빠 육아 휴직' 제도를 정착시키**려면** 정부 **차원의 체계적 대책 마련이 시급하다.** |
| 의견 주장하기 | • **무엇보다도 먼저** 개인**적인 차원에서의 노력이 필요하다.**<br>• '아빠 육아 휴직'이 정착되**도록** 회사를 포함해 사회 차원**에서도 다각적인 대책을 마련해야 한다.**<br>• 미세 먼지로 인한 호흡기 질환 환자가 급증하고 있**다는 점에서** 현재의 대기 오염 상황은 시급히 해결해야 할 문제**라고 할 수 있다.** |

공조　정착

## 3 자료를 참고하여 보기 와 같이 써 봅시다.

보기

| 제목 | 청년 실업의 원인과 해결 방안 |
| --- | --- |
| 해결 방안 1<br>정부의 정책 변화 | 1. 교육 시스템을 바꿔야 함.<br>2. 현장 적용 가능한 직업 훈련 실시<br>3. 중소기업과 청년 창업 관련 대책 마련 |
| 해결 방안 2<br>기업의 제도 변화 | 1. 산학 협력, 현장 체험 기회 제공<br>2. 기업의 시스템 및 직원 복지 개선 노력 필요 |
| 해결 방안 3<br>청년의 가치관 변화 | 1. 대기업만을 고집하는 태도를 버려야 함.<br>2. 자신의 장단점을 정확히 파악하고 준비해야 함. |

본고에서 제시하는 청년 실업의 해결 방안은 다음과 같다. **첫째,** 정부의 정책이 변화**해야 한다.** 청년 취업에 직접적으로 도움을 주기 위해서는 더 강력하고 실효성 있는 대책을 마련해야 한다. 이를 위해 교육 시스템의 변화가 시급하다. 지금보다 더욱 실질적이고 전문화된 직업 학교를 만들고 대학의 취업 경쟁력을 강화해야 한다. 또한 현장에 바로 적용 가능한 직업 훈련이 필요하다. 그리고 청년들이 중소기업을 기피하는 정확한 이유를 파악하여 현실적인 대책을 마련해야 한다. 이에 더하여 청년 창업의 활성화를 위한 노력이 요구된다.

**둘째,** 정부의 정책 변화에 맞춰 기업의 변화가 뒤따라**야 한다.** 지금보다 적극적으로 산학 협력에 나서야 하며 이를 통해 청년들에게 실제적인 현장 체험 기회의 제공이 이루어져야 한다. 중소기업의 경우 정부의 정책적 지원에만 기댈 것이 아니라 기업 스스로가 능력 있는 젊은 인재들이 중소기업을 선택하도록 시스템과 복지 등을 개선해야 한다.

**셋째,** 청년들의 가치관이 변화해**야 한다.** 무조건 대기업만을 고집하는 태도를 버려야 한다. 자기 자신의 장단점에 대해 정확히 파악하고 그에 맞는 준비를 통해 일자리를 찾아야 한다.

1

| 제목 | 한국의 응원 문화에 대한 고찰 |
| --- | --- |
| 장점 1<br>함께 응원하며 결속력이 생김. | 1. '우리는 하나'라는 마음<br>2. 응원 자체를 즐기게 됨. |
| 장점 2<br>스포츠, 대중문화 분야의 성장 | 1. 팬들은 스타를 위해 소비함.<br>: 그 분야의 질적, 양적 성장과 연결됨.<br>2. 팬들이 스타의 성장에 동참함. |

산학 자체

1

| 장점 3<br>선행이 이루어짐. | 1. 원래 목적은 자신의 스타의 이미지 향상<br>2. 선한 영향력으로 사회에 보탬이 됨. |
|---|---|

이러한 한국의 응원 문화에는 여러 장점이 있다. 첫째, 함께 응원하는 사람들 사이에 '우리는 하나'라는 결속력이 생긴다. 또한 많은 사람들과 함께 응원하기 때문에 혼자 외롭게 응원하지 않고 응원 자체를 즐기게 된다. 둘째, 적극적인 응원 문화를 통해 스포츠 분야, 대중문화 분야의 성장이 이루어진다. ______________________________

______________________________

______________________________

셋째, 자신이 좋아하는 스타들을 통해 봉사 활동, 기부 등의 선행이 이루어진다. ______

______________________________

______________________________

2

| 제목 | 한국 청년층의 정치에 대한 인식 조사 |
|---|---|
| 특징<br>한국 청년층의 정치 의식의 특징 | 1. 대다수 젊은이들은 정치에 관심을 가지고 있으나 적극적으로 관심을 갖고 참여하는 수는 많지 않음.<br>2. 정치에 참여하지 않는 청년층은 정치에 대한 기대감이 낮음.<br>3. 정치에 대한 낮은 기대감은 기존 정치에 순응하고 무관심한 정치 태도로 이어지게 됨.<br>4. 이러한 20대의 정치의식은 취업난으로 인한 현실적 어려움, 개인주의적 성향에서 비롯됨. |

이상의 설문 조사를 통해 알 수 있었던 한국 청년층의 정치의식은 다음과 같은 특징을 갖는다. 첫째, 처음 예상했던 것과 달리 대다수의 젊은이들은 어느 정도 정치에 관심을 가지고 있었다. 정치에 관심을 가지게 된 계기에 대한 질문에 이들은 1987년 6월 항쟁과 2016년 촛불 집회가 큰 영향을 끼쳤다고 응답했다. 그럼에도 불구하고 적극적으로 관심을 갖고 참여하는 수는 약 15%에 지나지 않았다. 둘째, ______________________________

______________ 셋째, ______________________________

넷째, ______________________________

______________________________

______________________________

선하다 보탬 성향

## Ⅱ. 표현해 봅시다

3

| 제목 | |
|---|---|
| | |
| | |

## Ⅲ. 정리해 봅시다

자신이 쓴 본론과 친구가 쓴 본론을 서로 비교·분석해 보고 부족한 부분을 보완해 봅시다.

# 복습



**1** 자신이 작성한 논문의 본론을 보기 와 같이 PPT로 만들고 발표해 봅시다.

보기

**한국의 응원 문화에 대한 고찰**

- 본론1 스포츠 분야의 응원 문화
- 본론2 대중문화 분야의 응원 문화
- 본론3 장점과 단점

**본론**

1. 스포츠 분야의 응원 문화

- 특정한 옷, 색깔, 말, 노래
- 좋아하는 선수의 퇴근길 문화
- 팬들의 봉사 활동과 기부

**본론**

2. 대중문화 분야의 응원 문화

- 상징 색깔
- 응원봉과 응원 구호
- 도시락, 커피 차, 간식 차

**본론**

3. 장점과 단점

- 장점의 예
- 단점의 예

**논문 제목:**

- 본론1
- 본론2
- 본론3

**본론**

1.

- 
- 
- 

**본론**

2.

- 
- 
- 

**본론**

3.

- 
- 
- 

**2** 아래 표를 참고하여 자신이 작성한 논문의 본론을 점검해 봅시다.

| | | |
|---|---|---|
| 1 | 본론에 주제문이 잘 드러나 있는가? | ☐ |
| 2 | 주제에 대해서 최소 2개 이상의 주제문을 작성하였는가? | ☐ |
| 3 | 주제문과 주제문을 뒷받침하는 자료들이 잘 연결되는가? | ☐ |
| 4 | 주제문을 뒷받침하는 근거 자료들이 믿을 만한가? | ☐ |
| 5 | 본론이 각 주제문의 내용에 따라 적당한 분량으로 구분되는가? | ☐ |
| 6 | 본론의 내용을 객관적으로 기술했는가? | ☐ |

문화

# 한국의 대통령 선거 제도

한국은 20대 윤석열 대통령에 이르기까지 스무 번의 선거를 통해 13명의 대통령을 선출하였다. 2022년에 치러진 20대 대통령 선거를 기준으로 살펴보면 투표권을 가진 국민들이 직접 직선제 형태로 대통령을 뽑았다. 대통령의 임기는 5년이며 중임은 불가하다. 하지만 지금과 같은 대통령 선거 제도가 정착하기까지 한국 국민은 많은 사건을 겪었다.

한국의 초대 대통령인 이승만 대통령은 간선제를 통해서 처음으로 당선되었다. 그리고 간선제를 직선제로 바꾸고 중임이 가능하도록 헌법을 고친 결과 이승만 대통령은 1948년부터 1960년까지 장기 집권을 했다. 그러나 부정 선거와 독재 정권에 분노한 국민들이 4.19 혁명을 일으켜 이승만 대통령이 물러나게 된다.

4.19 혁명 이후 내각 책임제를 실시하게 되면서 간선제로 윤보선 대통령이 선출되었으나 바로 다음 해 군사 쿠데타를 통해 정권이 바뀌었다. 군인이었던 박정희 대통령이 5대부터 9대 선거에서 모두 당선되며 또 다시 장기 집권을 하게 되었다. 그러나 박정희 대통령은 중임을 위해 무리하게 직선제를 간선제로 바꾸는 등 독재를 이어 가다가 국민들의 반정부 시위로 위기를 맞게 되고 1979년에 10.26 사태로 사망하게 된다.

박정희 대통령의 급작스러운 사망 뒤 10대 대통령으로 최규하 대통령이 선출되었지만 집권 6일 만에 다시 군사 쿠데타에 의해 물러나게 되고 전두환 대통령이 11대와 12대 대통령을 역임하게 된다. 하지만 전두환 대통령 역시 자신의 집권을 위해 대통령 임기를 늘리고 간선제로 바꾸려고 무리하게 시도하다가 1987년에 전국에서 일어난 민주 항쟁에 의해 물러나게 된다. 그 후 한국의 대통령 선거 제도는 5년 단임의 직선제로 헌법이 개정되었고 13대 노태우 대통령 때부터 현재까지 이 방식대로 이어지고 있다.

한국의 대통령 선거와 역대 대통령에 대한 더 자세한 이야기는 행정안전부 대통령 기록관 홈페이지 (https://www.pa.go.kr) 또는 국가기록원 (https://theme.archives.go.kr) 홈페이지를 통해서 알아볼 수 있다.

선출하다 직선제 임기 중임 초대 간선제 집권 내각 역임

# 9과 교육과 사회

• 학습 목표: 심도 있게 연구하고 조사한 내용을 발표할 수 있다.

## Ⅰ. 준비해 봅시다

**평생 교육 시대, 이제 온라인 수업으로 쉽게 지식 습득 가능해……**

**대학보다 전공 더 중요하게 생각하는 학생들 늘어……**

**취업 잘되는 학과 TOP10**

1. 치의학과 90%
2. 한의학과 89%
3. 의학과 88%
4. 해양공학과 84%
5. 간호학과 82%
6. 재활학과 80%
7. 물리치료학과 80%
8. 작업치료학과 80%
9. 의료공학과 80%
10. 기계공학과 79%

- 현대 학교 교육이 과거와 크게 달라진 점은 무엇이라고 생각합니까?
- 급변하는 현대 사회에서 교육이 어떻게 변화되어야 한다고 생각합니까?

말하기 1

## Ⅱ. 표현해 봅시다

## 1 보기와 같이 이야기해 봅시다.

보기

'한국의 학생들은 왜 이렇게 사교육을 많이 받을까?'

'공교육이 입시 위주의 지식 교육에만 치중하는 건 아닐까?'

'어떻게 하면 더 좋은 공교육 환경을 만들 수 있을까?'

**주제: 한국 공교육의 현황과 활성화 방안**

발표자: 이윤아

1

'최근 매체의 발달로 교육 환경이 급변하고 있어.'

'과거의 교육 환경은 어땠을까?'

'미래의 교육 환경은 어떻게 변화할까? 무엇을 대비해야 할까?'

**주제: 미래 사회와 변화하는 교육 환경**

발표자: 교육학과 2학년, 정하늘

2

'공원에서 산책하다가 보면 강아지를 데리고 나와서 산책하는 사람들이 많아진 것 같아.'

'견주로서 책임감을 가지고 반려동물을 잘 관리하고 있을까?'

'견주들의 관리 소홀로 인한 문제는 없을까?'

**주제: 한국 반려동물 문화의 문제점과 개선안**

발표자: 6급 1반, 사토 유키

3

'최근 Y사 전자 제품이 날개 돋친 듯이 팔리고 있다고 하던데…….'

'요즘 우리 회사 전자 제품이 왜 잘 팔리지 않을까?'

'혹시 Y사 제품만의 특별한 마케팅 전략이 있는 것은 아닐까?'

**주제: Y전자 마케팅 성공 사례**

발표자: 마케팅 팀, 김우진 팀장

보기

**유키:** 이번 주에 발표가 있는데 걱정이에요.

**하늘:** 무슨 주제로 발표를 하는데요?

**윤아:** 한국 공교육의 현황과 활성화 방안에 대해서 발표할 거예요.

**하늘:** 발표 준비하기가 쉽지 않겠네요. 그런데 그 주제를 선택한 이유가 있어요?

**윤아:** 최근 뉴스나 신문에서 공교육의 문제점에 대한 기사를 자주 다루더라고요. 저는 평소에 한국의 공교육에 관심이 많았는데 이런 기사들을 보고 한국의 학생들이 학원이나 과외 같은 사교육을 왜 많이 받을까 하는 궁금증이 생겼어요. 그리고 공교육이 지나치게 입시 위주의 지식 교육에만 치중하는 건 아닐까 하는 우려도 들었고요. 그래서 어떻게 하면 더 좋은 공교육 환경을 만들 수 있을지에 대해서도 좀 더 탐구해 보고 싶었어요.

치중하다 대비 견주 소홀 날개 돋친 듯 전략

## 2 표현을 익혀 봅시다.

**도움말**

발표의 도입 부분에서는 먼저 인사와 간단한 소개를 한 후에 발표 주제를 간결하고 명확하게 소개하고 발표의 시작을 알린다. 그리고 주제를 어떻게 다루어 나갈지 개요를 간단하게 설명한 후 발표를 시작한다.

| | |
|---|---|
| 주제 소개하기 | • **이번 발표에서는** 미래 사회와 변화하는 교육 환경**에 대해서 살펴보도록 하겠습니다.**<br>• 한국의 주요 관광 명소**를 중심으로 소개해 드리고자 합니다.**<br>• **이번 발표를 통해서** 올해 대학교 입시 전략**을 분석해 보고자 합니다.**<br>• **오늘 말씀드리려고 하는 주제는** 언론의 표현과 자유**입니다.**<br>• **저는** 문화 상대주의**를 주제로 발표를 준비했습니다.** |
| 개요 설명하기 | • **오늘 발표에서는 먼저** 과거와 현대의 교육 환경을 **비교해 보고 아울러** 미래의 교육 환경에 대해서 예측해 보**도록 하겠습니다. 그다음** 교육 환경의 변화 요인**에 대해서 분석하고자 합니다. 그리고 마지막으로** 교육 환경의 변화에 따른 대응법을 **제시하는 순으로 발표를 하고자 합니다.**<br>• **우선** 평생 교육의 개념**을 살펴보고** 평생 교육의 형태와 필요성**에 대해서 말씀드리겠습니다. 끝으로** 평생 교육의 기능과 역할**에 대해서 분석해 보도록 하겠습니다.** |

문화 상대주의　예측　대응법

## 3 보기 와 같이 이야기해 봅시다.

**보기**

**주제: 한국 공교육의 현황과 활성화 방안**

발표자: 이윤아

1. 한국 공교육의 역사
2. 한국 공교육의 현황
3. 한국 공교육의 문제점
4. 한국 공교육의 활성화 방안

**①**

**주제: 미래 사회와 변화하는 교육 환경**

발표자: 교육학과 2학년, 정하늘

1. 과거와 현대의 교육 환경
2. 미래의 교육 환경 예측
3. 교육 환경의 변화 요인
4. 교육 환경의 변화에 따른 대응법

**②**

**주제: 한국 반려동물 문화의 문제점과 개선안**

발표자: 6급 1반, 사토 유키

1. 반려동물 보유 가구 현황
2. 반려동물 관련 문제점
3. 반려동물 문제 해결 사례
4. 반려동물 문화의 개선안

**③**

**주제: 케이팝(K-POP) 연구**

발표자: 노라 한슨

1. 케이팝의 정의와 역사
2. 케이팝의 긍정적인 측면
3. 케이팝의 부정적인 측면
4. 케이팝의 발전 방안

**보기**

**안녕하십니까? 저는 오늘 발표를 맡은** 이윤아**입니다. 지금부터 발표를 시작하도록 하겠습니다. 여러분도 아시다시피 최근 우리 사회에서** 한국 공교육의 문제점**에 대한 논의가 활발하게 이루어지고 있습니다. 이번 발표를 통해서** 한국 공교육의 현황과 활성화 방안**에 대해서 말씀드리고자 합니다.**

**먼저** 한국 공교육의 역사**를 살펴보고 아울러** 한국 공교육**의 현황에 대해서 말씀드리겠습니다. 그다음** 한국 공교육의 문제점**을 분석하고자 합니다. 그리고 마지막으로** 한국 공교육의 활성화 방안을 **설명하는 순으로 발표를 하고자 합니다.**

개선안

표현해 봅시다

**1** 보기 와 같이 이야기해 봅시다.

보기

**발표 주제: 한국 공교육의 현황과 활성화 방안**

1. 한국 공교육의 역사
2. 한국 공교육의 현황
3. 한국 공교육의 문제점
   · 입시 위주의 교육 방식
   · 공교육에 대한 불신
4. 한국 공교육의 활성화 방안

1

**발표 주제: 교육의 기능과 교육을 바라보는 관점**

1. 교육의 개념
2. 교육의 기능
3. 교육을 바라보는 관점
   3.1. 긍정적인 관점
      · 지식과 기능 습득을 통해 개인의 능력 향상
      · 불평등한 환경을 극복하고 능력에 따라 사회적 지위 획득 가능
   3.2. 부정적인 관점
4. 교육 기회균등의 필요성

2

**발표 주제: 대학 교육의 미래**

1. 대학 교육의 역사
2. 대학 교육의 역할
3. 대학 교육의 위기 요인
   · 학력 인구 감소
   · 대학교 교육을 대체할 교육 서비스 등장
4. 미래 사회가 요구하는 인재상
5. 대학 교육 개혁의 필요성

3

**발표 주제: 한국 저출산 문제의 개선 방안 연구**

1. 한국의 저출산 현황
2. 저출산 문제의 원인 분석
   · 자녀 양육비 및 교육비 부담
   · 가치관의 변화로 만혼과 결혼 기피 현상 증가
3. 한국 저출산 정책 현황과 문제점
4. 저출산 정책의 개선 방안

보기

**이윤아:** 〈중략〉 지금까지 한국 공교육의 현황에 대해서 말씀드렸습니다. 다음으로 넘어가서 한국 공교육의 문제점에 대해서 말씀드리겠습니다. 저는 한국 공교육의 문제점을 입시 위주의 교육 방식과 공교육에 대한 불신으로 분류해 보았습니다. 먼저 입시 위주의 교육 방식에 대해서 살펴보도록 하겠습니다.

기회균등

## 2 표현을 익혀 봅시다.

**도움말**

발표할 때는 주제에 맞는 화제를 중심으로 말하고 순서를 정해 정보를 나열한다. 화제를 바꿀 때에는 앞서 말한 내용을 간단하게 마무리한 후 새로운 화제로 넘어가도록 한다. 그리고 전체적으로 눈여겨봐야 할 점이나 주목할 만한 화제는 강조하여 표현하는 것이 좋다.

| | |
|---|---|
| 화제 바꾸기 | • **이상으로** 평생 교육의 개념**에 대해서 알아보았습니다. 다음은** 평생 교육의 형태**에 대해서 살펴보도록 하겠습니다.**<br>• **지금까지** 한국의 발효 식품**에 대한 내용을 말씀드렸습니다. 다음으로 넘어가서** 일본의 발효 식품**에 대해서 말씀드리겠습니다.** |
| 특정 내용 강조하기 | • **그런데 여기에서 주목할 만한 점은** 현대 사회에서 살아남기 위해서는 끊임없이 변화하고 노력해야 한**다는 것입니다.**<br>• **여기에서 중요한 점은** 올해 과학 분야 노벨상 수상자 중에 여성들이 과반수를 차지했**다는 것입니다.**<br>• **여기에서 눈여겨봐야 할 점은** 유네스코 보고서들도 한결같이 평생 교육의 목적은 평생 학습을 도와주고 촉진시키는 데에 있음을 강조하고 있**다는 것입니다.**<br>• 케이팝**이** 한국뿐만 아니라 전 세계에서 선풍적인 인기를 끌**었다는 점에서 주목할 만하다고 여겨집니다.**<br>• 성공한 사람들의 성공 뒤에는 남들보다 많은 노력이 있었음**을 간과해서는 안 된다고 생각합니다.** |

## 3 보기 와 같이 이야기해 봅시다.

**보기 발표 주제: 한국 공교육의 현황과 활성화 방안**

2. 한국 공교육의 현황

3. 한국 공교육의 문제점

입시 위주의 교육 방식

· 인성 교육 부족
· 교사와 학생 간의 관계 악화 또는 학생과 학생 간의 관계 악화

**강조점: 학교가 입시 준비 기관으로 전락**

공교육에 대한 불신

· 정부의 투자 부족
· 사교육 의존

**강조점: 사교육으로 인한 교육 격차 심화**

촉진시키다 선풍적 간과하다 전락

## ① 발표 주제: 교육의 기능과 교육을 바라보는 관점

2. 교육의 기능

3. 교육을 바라보는 긍정적인 관점

- 지식과 기능의 습득을 통해 개인의 능력 향상

**강조점: 교육을 통해 사회의 안정과 질서 유지에 기여**

- 가정 환경과 배경 조건이 좋지 않아도 능력에 따라 사회적 지위 획득 가능

**강조점: 불평등한 사회 속에서 계층 상승 이동 가능**

## ② 발표 주제: 대학 교육의 미래

3. 대학 교육의 위기 요인

4. 미래 사회가 요구하는 인재상

〈능력〉

- 협업 능력
- 공감 능력
- 상호 작용 능력
- 의사소통 능력

**강조점: 인간만이 갖고 있는 공감 능력은 그 자체로 경쟁력**

〈사고방식〉

- 논리적인 사고방식
- 비판적인 사고방식
- 창의적인 사고방식
- 긍정적인 사고방식

**강조점: 창의적인 사고는 인공 지능이나 로봇이 대신할 수 없는 능력**

지위

**③ 발표 주제: 제주도의 세계 자연 유산 등재 현황과 보전 및 관리**

2. 제주도의 세계 자연 유산 등재 과정

3. 제주도의 세계 자연 유산 등재 현황

2007년 6월 '제주 화산섬과 용암 동굴'이란 명칭으로 세계 자연 유산에 등재됨.
2002년 생물권 보전 지역 지정, 2007년 세계 자연 유산 등재, 2010년 세계 지질 공원 인증, 유네스코(UNESCO) 3관왕 달성

| 제주 화산섬과 용암 동굴 | | |
|---|---|---|
| 한라산 | 성산 일출봉 | 거문오름 용암 동굴계 |
|  |  |  |

**강조점: 앞으로 6년마다 한 번씩 유산에 대한 보전 상태와 평가 정보 보고서를 정기적으로 제출해야 하고 보전 관리에 더 신경을 써야 함.**

보기

한국 공교육의 문제점은 바로 입시 위주의 교육 방식입니다. 입시 위주의 교육 방식 때문에 학교에서 인성 교육이 제대로 이루어지지 않고 있습니다. 인성 교육의 부족은 교사와 학생 간의 관계를 악화시킬 뿐만 아니라 학생들 간의 관계까지도 악화시켜 학교 폭력 문제로까지 이어지고 있습니다. 또한 입시 교육에 치중하다 보니 그로 인해 학교가 입시 준비 기관으로 전락하고 있**다는 사실에 주목해야 합니다.**

또 다른 문제점은 공교육에 대한 불신이 심하다는 겁니다. 정부의 공교육 투자 부족으로 학부모들이 사교육에 더 의존하는 문제점이 발생했습니다. **여기에서 중요한 점은** 사교육에 더욱 의존하게 되면서 가정 환경의 차이로 인한 학생들의 교육 격차가 심화되고 있**다는 사실입니다.**

Ⅲ. 정리해 봅시다

미래 사회에 대비하여 대학 교육이 어떻게 변화해야 할지 이야기해 봅시다.

생물권 용암 동굴 지질

# 10과 역사와 유래

• 학습 목표: 전문적인 글의 결론을 쓸 수 있다.

## Ⅰ. 준비해 봅시다

뉴스홈 | 다시보기 | 포토뉴스 영상구성 랭킹 APP

속보 | 정치 | 경제 | 사회 | 국제 | 문화 | 연예 | 스포츠 | 날씨

시청자와 함께 만드는 뉴스! 여러분의 생생한 제보를 기다립니다!

### 박물관에서 떠나는 시간 여행

안내 › 여러분의 생생한 제보를 기다리고 있습니다. URL 줄이기 글자크기 + −

OO 박물관에서 오는 5일부터 '한국의 어제와 오늘' 전시 시작

시대의 흐름에 따라 변화한 다양한 한국의 모습 볼 수 있어

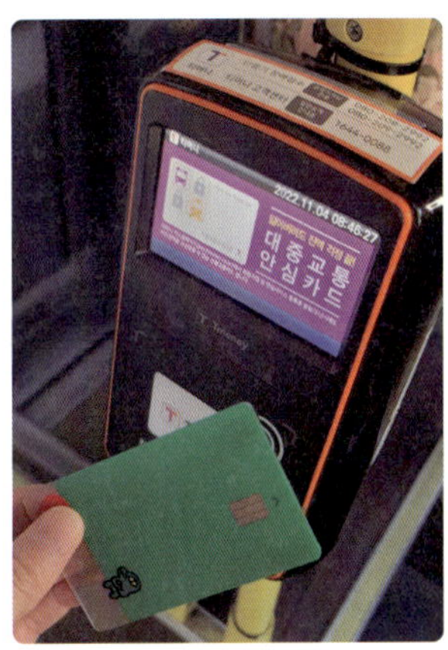

• 옛날에는 있었지만 지금은 사라진 직업은 무엇입니까?
• 우리 삶에 큰 변화를 가져온 기술에는 어떤 것이 있습니까?

# 쓰기1



## 1 보기 와 같이 본론을 요약하여 써 봅시다.

보기

| 제목 | 청년 실업의 원인과 해결 방안 |
|---|---|
| 본론 요약 | 1. 청년 실업의 현황<br>2. 청년 실업의 원인<br>1) 구조적 문제<br>2) 교육적 문제<br>3) 정책적 문제<br>3. 청년 실업의 해결 방안<br>1) 정부의 정책 변화<br>2) 기업의 제도 변화<br>3) 청년의 가치관 변화 |

**이상에서** 청년 실업의 원인과 해결 방안**에 대하여 논의하였다. 지금까지 살펴본 내용을 요약하면 다음과 같다. 먼저** 청년 실업의 현황을 살피고 청년 실업의 원인에 대해 구조적, 교육적, 정책적 측면에서 논의하였다. 그리고 청년 실업의 해결 방안으로 정부의 정책 변화, 기업의 제도 변화, 청년의 가치관 변화의 필요성을 제시하였다.

1

| 제목 | 한국의 응원 문화에 대한 고찰 |
|---|---|
| 본론 요약 | 1. 스포츠 분야의 응원 문화<br>2. 대중문화 분야의 응원 문화<br>3. 한국 응원 문화의 장단점 |

지금까지 한국의 응원 문화에 대하여 살펴보았다. 이상의 내용을 정리하면 다음과 같다. ____

________________________________________

________________________________________

2

| 제목 | 한국 남녀 대학생의 결혼관에 대한 연구 |
|---|---|
| 본론 요약 | 1. 사회 변화에 따른 결혼관의 특징<br>1) 전통 사회에서의 특징<br>2) 산업 사회에서의 특징<br>3) 정보 사회에서의 특징 |

2

| 본론 요약 | 2. 설문 조사의 실제<br>1) 조사 대상자 및 조사 방법<br>2) 조사 문항 및 분석 방법<br>3) 설문 조사 결과<br>3. 설문 조사 결과 분석<br>1) 높은 수준의 자아 존중감<br>2) 성 역할에 대한 가치관 변화<br>3) 출산 및 육아, 자녀에 대한 가치관 변화 |
|---|---|

첫째, 전통 사회에서 산업 사회를 거쳐 정보 사회로 이르는 변화에 따라 결혼관이 변화하고 있음을 알 수 있었다. 둘째, 실제로 한국 남녀 대학생 100명을 대상으로 설문 조사를 실시했다. 마지막으로 설문 조사 결과를 분석하여 한국 대학생들의 결혼관의 특징을 살펴보았다.

3

| 제목 | |
|---|---|
| 본론 요약 | 1.<br>1)<br>2)<br>3)<br>2.<br>1)<br>2)<br>3)<br>3.<br>1)<br>2)<br>3) |

자아 존중감

## 2 표현을 익혀 봅시다.

**도움말**

결론에서는 본론에서 다룬 내용을 요약하며 주제를 강조한다. 이때 같은 내용을 되풀이하거나 새로운 논의를 첨가하지 말고 글 전체의 논의를 명확하게 정리해야 한다. 그리고 이 연구의 성과와 함께 한계점을 제시한다. 마지막으로 후속 과제와 전망에 대해 언급하며 글을 마무리한다.

| | |
|---|---|
| 본론 요약하기 | • **이상에서** 청년 실업의 원인과 해결 방안**에 대하여 논의하였다.**<br>• **지금까지** 한국의 응원 문화**에 대하여 살펴보았다/분석하였다.**<br>• **본론에서는** 스포츠 분야와 대중문화 분야로 나누어 각각의 응원 문화**에 대해서 분석해/고찰해 보았다. 그 결과** 한국의 응원 문화는 스포츠 분야와 대중문화 분야에서 각각의 특징을 보여 주는 응원 문화가 있다는 것**을 알 수 있었다.**<br>• **이상의 내용을 정리하면 다음과 같다.**<br>• **지금까지 살펴본 내용을 요약하면 다음과 같다.** |
| 연구 성과 및 한계 밝히기 | • **본 연구는** 청년 실업의 원인을 다각도로 분석하고 그에 따른 해결 방안을 도출했**다는 점에서 그 의의가 있다.**<br>• **이 연구를 통하여/이상의 논의를 통하여** 한국에서 이루어지는 스포츠 분야와 대중문화 분야의 응원 문화를 구체적으로 분석**할 수 있었다.**<br>• **이 연구에서는** 노인 소외 문제가 개인 차원의 문제가 아닌 심각한 사회 문제가 될 수도 있음**을 밝혔다.**<br>• 그러나 구체적인 방법을 제시했다**기보다는** 그 방향만을 제시하**는 데에 그쳤다는 점을 본고의 한계로 지적할 수 있다.**<br>• **그럼에도 불구하고 이 연구는** 단점에 대한 개선 방안을 제시하지 못했으며 장점을 더욱 발전시킬 방법에 대한 논의가 이루어지지 못했다**는 한계를 지닌다.** |
| 후속 과제 및 전망 제시하기 | • **앞으로** 한계점으로 지적한 내용들**에 대한 연구가 이루어져야 할 것이다.**<br>• **이를 토대로** 청년 실업 문제가 긍정적인 방향으로 해결되**기를 바란다.**<br>• **후속 연구에서는** 한국 응원 문화의 단점에 대한 개선 방안에 대해 모색해 보**도록 하겠다/**보기**를 기대한다.**<br>• 본고에서 제시한 단점들이 개선된**다면** 한국의 응원 문화가 더욱 긍정적인 방향으로 발전하여 많은 사람들이 스포츠와 대중문화를 즐겁게 즐길 수 있게 **될 것이다.** |

도출하다 모색하다

## 3 보기와 같이 연구 성과 및 한계와 후속 과제 및 전망을 써 봅시다.

보기

| 제목 | 청년 실업의 원인과 해결 방안 |
|---|---|
| 연구 성과 및 한계 | 1. 연구 성과<br>- 청년 실업의 원인을 다각도로 분석함.<br>- 해결 방안을 도출함.<br>2. 한계<br>- 정부, 교육 기관, 기업, 청년들의 의견을 실제로 조사해 보지 못함.<br>- 해외 우수 사례를 비교하고 분석하지 못함. |
| 후속 과제 및 전망 | 1. 후속 과제<br>- 한계점으로 지적한 내용들에 대한 보완 연구가 이루어져야 함.<br>2. 전망<br>- 청년 실업 문제가 긍정적인 방향으로 해결되기를 바람. |

이상에서 청년 실업의 원인과 해결 방안에 대하여 논의하였다. 지금까지 살펴본 내용을 요약하면 다음과 같다. 먼저 청년 실업의 현황을 살피고 청년 실업의 원인에 대해 구조적, 교육적, 정책적 측면에서 논의하였다. 그리고 청년 실업의 해결 방안으로 정부의 정책 변화, 기업의 제도 변화, 청년의 가치관 변화의 필요성을 제시하였다.

**본 연구는** 청년 실업의 원인을 다각도로 분석하고 그에 따른 해결 방안을 도출했**다는 점에서 그 의의가 있다. 그러나** 구체적인 방법을 제시했다**기보다는** 그 방향만을 제시하**는 데에 그쳤다는 점을 본고의 한계로 지적할 수 있다.** 정부와 교육 기관, 기업, 청년들의 의견을 실제로 조사해 보고 해외의 우수한 사례를 비교·분석하여 살펴봤다면 좀 더 현실적이고 구체적인 방안을 제시할 수 있었을 것으로 예상된다. 따라서 **앞으로** 한계점으로 지적한 내용들**에 대한 보완 연구가 이루어져야 할 것이다. 이를 토대로** 청년 실업 문제가 긍정적인 방향으로 해결되**기를 바란다.**

1

| 제목 | 한국의 응원 문화에 대한 고찰 |
|---|---|
| 연구 성과 및 한계 | 1. 연구 성과<br>- 각 분야의 응원 문화를 구체적으로 분석함.<br>- 장단점을 살펴봄으로써 긍·부정적인 부분에 대해 생각해 볼 기회를 제공함.<br>2. 한계<br>- 단점에 대한 개선 방안을 제시하지 못함.<br>- 장점을 더욱 발전시킬 방법에 대한 논의가 이루어지지 못함. |
| 후속 과제 및 전망 | 1. 후속 과제<br>- 단점에 대한 개선 방안을 제시해야 함.<br>2. 전망<br>- 단점들이 개선된다면 한국의 응원 문화가 더욱 긍정적인 방향으로 발전할 것임.<br>- 사람들이 즐겁게 스포츠와 대중문화를 즐길 수 있게 될 것임. |

지금까지 한국의 응원 문화에 대하여 살펴보았다. 이상의 내용을 정리하면 다음과 같다. 본론에서는 먼저 스포츠 분야와 대중문화 분야로 나누어 각각의 응원 문화에 대해서 분석해 보았다. 그 결과 한국의 응원 문화는 스포츠 분야와 대중문화 분야에서 각각의 특징을 보여 주고 있다는 것을 알 수 있었다. 그리고 이후 이러한 한국 응원 문화의 장단점을 고찰해 보았다.

**이 연구를 통하여** 한국에서 이루어지는 스포츠 분야와 대중문화 분야의 응원 문화를 구체적으로 분석**할 수 있었다.** 또한 장점과 단점을 살펴봄으로써 한국의 응원 문화에서 볼 수 있는 긍정적인 부분과 부정적인 부분에 대해 생각해 볼 기회를 제공하였다. **그럼에도 불구하고 이 연구는** 단점에 대한 개선 방안을 제시하지 못했으며 장점을 더욱 발전시킬 방법에 대한 논의가 이루어지지 못했**다는 한계를 지닌다.** ____________________

2

| 제목 | 한국 남녀 대학생의 결혼관에 대한 연구 |
| --- | --- |
| 연구 성과 및 한계 | 1. 연구 성과<br>- 설문 조사를 통해 현재 한국 대학생들의 결혼관에 대해 확인함.<br>- 사회 변화에 따라 결혼관이 변화한 원인을 분석함.<br>2. 한계<br>- 더욱 다양하고 많은 수의 젊은이를 대상으로 조사하지 못함.<br>- 현재 한국의 낮은 혼인율, 출산율 문제와 구체적으로 연결 짓지 못함. |
| 후속 과제 및 전망 | 1. 후속 과제<br>- 한계점에 대한 후속 연구가 이루어져야 함.<br>2. 전망<br>- 젊은이들의 결혼에 대한 가치관을 깊이 있게 이해할 수 있을 것임.<br>- 낮은 혼인율, 출산율 문제의 해결 방안을 찾을 수 있을 것임. |

지금까지 한국 남녀 대학생의 결혼관에 관해 분석하였다. 이상의 내용을 정리하면 다음과 같다. 첫째, 전통 사회에서 산업 사회를 거쳐 정보 사회로 이르는 변화에 따라 결혼관이 변화하고 있음을 알 수 있었다. 둘째, 실제로 한국 남녀 대학생 100명을 대상으로 설문 조사를 실시했다. 마지막으로 설문 조사 결과를 분석하여 한국 대학생들의 결혼관의 특징을 살펴보았다.

________________________________________

________________________________________

________________________________________

그러므로 앞으로 이러한 한계점에 대한 후속 연구가 이루어져야 할 것이다. 이를 바탕으로 젊은이들의 결혼에 대한 가치관을 깊이 있게 이해할 수 있게 될 것이며 낮은 혼인율과 출산율 문제의 해결 방안을 찾을 수 있을 것으로 기대한다.

연결 짓다

3

| 제목 | |
|---|---|
| 연구 성과 및 한계 | 1. 연구 성과<br>–<br>–<br>2. 한계<br>–<br>– |
| 후속 과제 및 전망 | 1. 후속 과제<br>–<br>–<br>2. 전망<br>–<br>– |

표현해 봅시다 **1** 보기 와 같이 논문에 각주를 달아 봅시다.

보기

| 제목 | 청년 실업의 원인과 해결 방안 |
|---|---|
| 각주를 달아야 하는 이유 | 통계청에서 정의한 청년 실업률의 추가 설명이 필요하지 않을까? |
| 각주 내용 찾기 | 통계청에서 자료를 찾아 각주 달기 |

Ⅰ. 서론

올해 1월 통계청에서 발표한 조사 결과에 따르면 현재 한국의 청년 실업률[1)]은 6%, 청년 실업자의 수는 25만 2000명이라고 한다. 이는 작년 4월의 10%, 42만 명에 비하면 감소한 수치이나 여전히 한국의 청년 실업 문제는 심각한 사회 문제라고 할 수 있다. 이를 반영하듯 최근에는 '88만 원 세대', 'N포 세대', '대학 5학년', '열정 페이' 등의 신조어가 유행하기도 했다. 청년 실업 문제는 단순히 청년들 개인의 문제가 아니라 사회 구조적 측면, 교육적 측면, 정부 정책의 측면 등 다양한 관점에서 고민하고 사회 구성원들이 다 같이 해결을 위해 노력해야 하는 문제이다.

각주

1) 한국의 통계청 자료에서의 청년 실업률이란 국제 노동 기구(ILO) 기준으로 15세에서 29세의 경제 활동 인구 중 실업자의 비율을 말하는 것이다. 이외에 경제 협력 개발 기구(OECD) 기준으로는 15~24세의 실업률을 가리키는데 한국의 경우 군복무 의무화를 고려하여 청년 실업의 범위를 15~29세로 채택하였다.

1

| 제목 | 한국의 응원 문화에 대한 고찰 |
|---|---|
| 각주를 달아야 하는 이유 | 이 논문에서 이야기하려고 하는 응원과 응원 문화에 대한 명확한 개념 설명이 들어가면 좋지 않을까? |
| 각주 내용 찾기 | 사전과 참고 문헌에서 자료를 찾아 각주 달기 |

Ⅰ. 서론

최근 케이팝(K-POP)의 인기가 뜨거워지면서 한국의 응원 문화[1)]에 대한 관심도 높아지고 있다. 좋아하는 연예인이 있는 사람들은 그 연예인이 출연하는 콘텐츠를 적극적으로 소비하면서 여러 가지 다양한 형식으로 그 연예인을 응원한다. 이는 운동선수 또는 스포츠 팀을 응원하는 경우에도 마

각주 달다

찬가지이다. 이러한 한국의 응원 문화는 다른 나라의 응원 문화와는 다른 특징을 보인다. 또한 한국 내에서도 각 분야별로 다른 응원 문화를 찾아볼 수 있다.

이 논문은 한국의 응원 문화를 조사하여 소개하고 장단점을 알아보는 것에 그 목적이 있다. 본론에서는 먼저 스포츠 분야의 응원 문화에 대해 살펴보고 이어서 대중 예술 분야의 응원 문화를 알아볼 것이다. 그 후 한국의 응원 문화에서 나타나는 장단점을 다각도로 고찰하도록 하겠다.

각주

---

1) 본고에서 말하는 '응원 문화'란 운동 경기 등에서 선수들이 힘을 낼 수 있도록 도와주는 좁은 의미의 응원 문화가 아니라 ______________________________

______________________________

2

| 제목 | 한국 남녀 대학생의 결혼관에 대한 연구 |
|---|---|
| 각주를 달아야 하는 이유 | 지속적으로 떨어지고 있는 혼인 건수 조혼인율에 대한 통계 자료를 구체적으로 제시해야 하지 않을까? |
| 각주 내용 찾기 | 통계청에서 자료를 찾아 각주 달기 |

Ⅰ. 서론

최근 통계청에서 발표한 통계 자료에 의하면 한국의 작년 혼인 건수는 약 19만 건, 인구 1천 명당 혼인 건수를 나타내는 조혼인율은 3.8건으로 지속적으로 떨어지고 있는 것으로 나타났다.[1)] 이러한 통계와 관련하여 출산율 역시 세계 최하 수준에 머물러 있다. 이와 같은 현상은 사회가 변화하면서 젊은이들의 결혼과 출산에 대한 가치관도 달라졌기 때문인 것으로 보인다.

이 논문은 한국 남녀 대학생의 결혼관에 대하여 설문 조사를 통해서 구체적으로 살펴보는 것에 그 목적이 있다. 본론에서는 먼저 사회 변화에 따른 결혼관의 특징에 대해 알아보고 다음으로 실제로 한국 남녀 대학생을 대상으로 설문 조사를 실시한 내용을 분석함으로써 젊은이들의 결혼관에 대해 구체적으로 살펴보고자 한다.

각주

---

1) ______________________________

______________________________

______________________________

조혼인율　　채택하다　　참고 문헌

3

| 제목 | |
|---|---|
| 각주를 달아야 하는 이유 | |
| 각주 내용 찾기 | |

## 2 표현을 익혀 봅시다.

**❓도움말**

논문을 작성하는 동안 본문의 내용을 보충하거나 풀이하는 내용은 본문의 아래쪽에 각주를 달아 설명한다. 각주를 달 때에는 다음과 같은 점에 유의해야 한다. 첫째, 각주의 내용이 본문 내용을 전개하는 데 꼭 필요한지를 살핀다. 둘째, 각주를 적절한 위치에 달았는지를 확인한다. 셋째, 각주 표기 방식을 정확하게 잘 지켜서 써야 한다. 한 번 각주로 서지 사항을 밝힌 자료를 글의 뒷부분에서 다시 한 번 인용해야 할 경우 '앞의 책'으로 표시하고 쪽수를 적는다.

논문의 뒤에는 이 논문에 인용한 글 또는 참고한 문헌의 목록을 수록한다. 논문의 본문에 인용한 문헌과 자료는 모두 참고 문헌 목록에 적어야 하며 직접 인용하지 않았어도 논문을 작성하는 과정에서 참고한 문헌들 중 중요한 문헌은 함께 수록한다.

참고 문헌을 표기할 때에는 순서와 양식을 잘 지켜야 한다. 문헌, 자료의 순으로 수록하며 각각의 경우 국문으로 된 문헌과 자료를 먼저 수록하고 외국 문헌과 자료는 그 다음에 수록한다. 또한 저자 이름에 따라 가나다 순으로 표기하며 외국 문헌의 경우 저자 이름의 알파벳 순에 따라 표기한다. 공동 저서인 경우 대표 필자가 3인 이하인 경우는 밝혀 적고 그보다 많으면 대표 필자 뒤에 '외'로 표기한다.

| | |
|---|---|
| 각주 작성하기 | • **이 논문에서** 제시한 사전적 정의는 각 어휘의 여러 의미 중 기본 의미**에 한정한다/만을 대상으로 하였다.**<br>• **이에 대해서는 뒤의 3장에서 자세하게 논의하겠다/논하기로 한다.**<br>• **본고에서는 앞으로/이후** 『표준국어대사전』은 『표준』**으로 칭하기로 한다/표기한다.**<br>• 이유미(2010:15) **참조/참고.**<br>• 의미 분류**에 관련된 논의는 4.2절 참조.** |
| 참고 문헌 작성하기 | • 남기심·고영근(1985), 『표준국어문법론』, 탑출판사.<br>• 김성조·곽지영·손성희·한상미(2022), 온라인 한국어 교육 콘텐츠 개발의 구성 원리: Y대학교 초급 온라인 한국어 교육 콘텐츠 개발 사례를 중심으로, 『외국어로서의 한국어교육』 제64집, 연세대학교 언어연구교육원 한국어학당, pp.1-40.<br>• 황지선(2010), 당시에 보이는 여성적 정감 연구, 고려대학교 중일어문학과 석사 학위 논문.<br>• N. Chomsky(1965), *Aspects of the Theory of Syntax*, Cambridge, Mass.: M.I.T. Press. |

칭하다

**3** 보기 와 같이 형식에 맞춰서 참고 문헌 목록을 작성해 봅시다.

보기

단행본

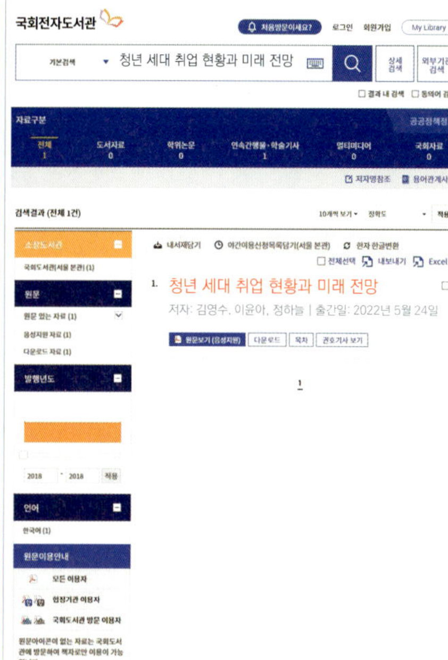


학위 논문

박사 학위 논문

**한국 청년 실업의 해결 방안에 관한 연구**

- 정부와 기업의 역할을 중심으로 -

제출자: 김우진

2020

경제학과

경제학 전공

**연세대학교 대학원**

단행본

**연속 간행물**

### 청년 실업의 원인과 해결 방안

김미선

Ⅰ. 서론

올해 1월 통계청에서 발표한 조사 결과에 따르면 현재 한국의 청년 실업률[1]은 6%, 청년 실업자의 수는 25만 2000명이라고 한다. 이는 작년 4월의 10%, 42만 명에 비하면 감소한 수치이나 여전히 한국의 청년 실업 문제는 심각한 사회 문제라고 할 수 있다. 이를 반영하듯 최근에는 '88만 원 세대', 'N포 세대', '대학 5학년', '열정 페이' 등의 신조어가 유행하기도 했다. 청년 실업 문제는 단순히 청년들 개인의 문제가 아니라 사회 구조적 측면, 교육적 측면, 정부 정책의 측면 등 다양한 관점에서 고민하고 사회 구성원들이 다 같이 해결을 위해 노력해야 하는 문제이다.

이에 본고에서는 관련 통계 자료를 통해 청년 실업 문제의 현황을 파악하고 참고 문헌과 신문 기사 자료 등을 검토함으로써 청년 실업 문제의 원인과 해결 방안을 살펴보고자 한다. 본론에서는 먼저 1장에서 청년 실업의 현황에 대해서 살펴보고 2장에서 청년 실업의 원인을 알아볼 것이다. 마지막으로 3장에서는 이와 같은 문제를 해결하기 위한 해결 방안을 고찰해 보고자 한다.

1) 한국의 통계청 자료에서의 청년 실업률이란 국제 노동 기구(ILO) 기준으로 15세에서 29세의 경제 활동 인구 중 실업자의 비율을 말하는 것이다. 이외에 경제 협력 개발 기구(OECD) 기준으로는 15~24세의 실업률을 가리키는데 한국의 경우 군복무 의무화를 고려하여 청년 실업의 범위를 15~29세로 채택하였다.

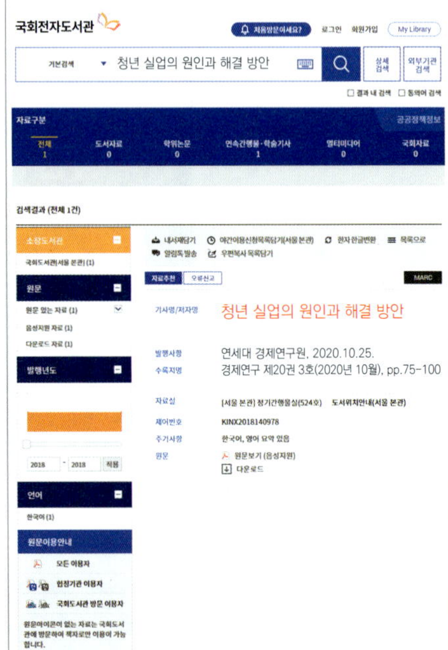


**인터넷 기사**

https://www.yonsei.ac.kr/opinion/article/202202221420

연세 오피니언

내 인생의 1면, 여기에서 만드세요.

칼럼

## [칼럼] 청년 실업의 해법을 찾아서

입력 2022.2.22. 14:20

〈 참고 문헌 〉
김우진(2020), 한국 청년 실업의 해결 방안에 관한 연구: 정부와 기업의 역할을 중심으로, 연세대학교 대학원 박사 학위 논문.
김영수, 이윤아, 정하늘(2022), 청년 세대 취업 현황과 미래 전망, 연세대학교 대학출판문화원.
김미선(2020), 청년 실업의 원인과 해결 방안, 경제연구 제20호 3권, 연세대 경제연구원, pp.75-100.
[칼럼] 청년 실업의 해법을 찾아서, 연세경제, 2022.02.22.
https://www.yonsei.ac.kr/opinion/article/202202221420

연속 간행물

1

| 제목 | 한국의 응원 문화에 대한 고찰 |
|---|---|

**단행본**

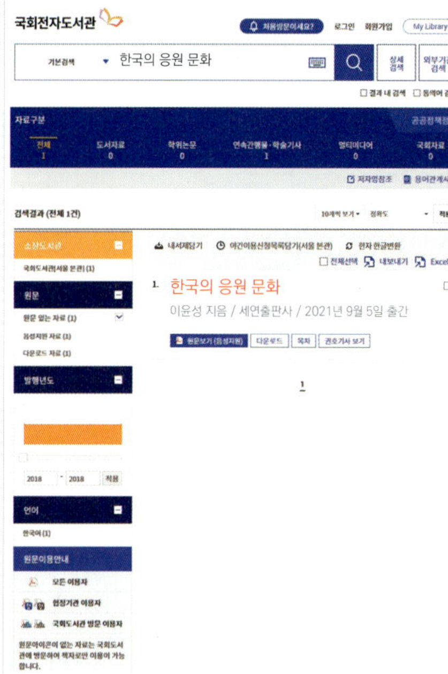


**인터넷 기사**

https://www.yonsei.ac.kr/article/202104011110

The Yonsei

뉴스홈 | 다시보기 | 포토뉴스 영상구성 랭킹 APP

속보 | 정치 | 경제 | 사회 | 국제 | 문화 | 연예 | 스포츠 | 날씨

시청자와 함께 만드는 뉴스! 여러분의 생생한 제보를 기다립니다!

[문화기획] 팬덤의 확장, 단순 응원에서 적극적 참여자로

– 연세일보 / 입력 2021.4.1. 11:10

〈 참고 문헌 〉

https://

2

| 제목 | 한국 남녀 대학생의 결혼관에 대한 연구 |
|---|---|
| 학위논문 | 석사 학위 논문<br><br>부모의 양육 태도가 자녀의 결혼관에 미치는 영향에 관한 연구<br><br>2018<br><br>연세대학교 대학원<br>사회학 전공<br>이 하 나 |
| 연속 간행물 | 한국 청소년의 결혼관에 미치는 요인 연구<br>김현진, 이은경, 황선희 |

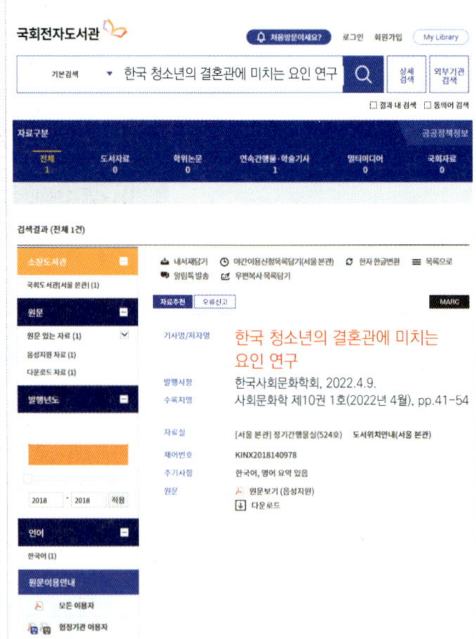

3

| 제목 | |
|---|---|
| 단행본 | |
| 학위논문 | |
| 연속 간행물 | |
| 인터넷 기사 | |

정리해 봅시다

자신이 쓴 결론과 친구가 쓴 결론을 서로 비교·분석해 보고 부족한 부분을 보완해 봅시다.

# 복습

**1** 자신이 작성한 논문의 결론 내용을 간단하게 정리하고 보기 와 같이 PPT로 만들어 봅시다.

| 제목 |
| --- |
| 본론 요약 정리 |
| |
| 연구 성과 및 과제 |
| |
| 후속 과제 및 전망 |
| |

보기

| 본론 요약 | 연구 성과 및 한계 | 후속 과제 및 전망 |
| --- | --- | --- |
| 1. 스포츠 분야의 응원 문화<br>2. 대중문화 분야의 응원 문화<br>3. 한국 응원 문화의 장단점 | 1. 연구 성과<br>• 각 분야의 응원 문화를 구체적으로 분석함.<br>• 장단점을 살펴봄으로써 긍·부정적인 부분에 대해 생각해 볼 기회를 제공함.<br>2. 한계<br>• 단점에 대한 개선 방안을 제시하지 못함.<br>• 장점을 더욱 발전시킬 방법에 대한 논의가 이루어지지 못함. | 1. 후속 과제<br>• 단점에 대한 개선 방안을 모색해야 함.<br>2. 전망<br>• 단점들이 개선된다면 한국의 응원 문화가 더욱 긍정적인 방향으로 발전할 것임.<br>• 사람들이 즐겁게 스포츠와 대중문화를 즐길 수 있게 될 것임. |

| 본론 요약 | 연구 성과 및 한계 | 후속 과제 및 전망 |
| --- | --- | --- |
| 1.<br>2.<br>3. | 1. 연구 성과<br><br>2. 한계 | 1. 후속 과제<br><br>2. 전망 |

**2** 위에서 만든 PPT 내용으로 결론을 발표해 봅시다.

문화

# 팔도와 서울의 유래

"서울 강원부터 경상도 충청도부터 전라도
마마 머라카노! (What!) 마마 머라카노! (What!)
서울 강원부터 경상도 충청도부터 전라도
우리가 와불따고 전하랑께 (What!) 우린 멋져부러 허벌라게"

한국 유명 그룹의 '팔도강산'이라는 노래 가사의 일부이다. '팔도'란 조선 시대에 전국을 8개 도의 행정 구역으로 나눈 것을 의미하는데 한국의 강원도, 경기도, 경상도, 전라도, 충청도 그리고 북한의 평안도, 황해도, 함경도를 일컫는다. 현재는 한국과 북한 모두 명칭의 변화가 있지만 한반도 전체의 강산을 이르는 말인 '팔도강산'이라는 어원은 바로 여기에서 유래됐다. 팔도의 명칭은 해당 도의 주요 행정 도시의 첫 글자를 따서 붙여졌다. 경상도는 경주와 상주, 전라도는 전주와 나주, 강원도는 강릉과 원주, 충청도는 충주와 청주, 평안도는 평양과 안주, 황해도는 황주와 해주, 함경도는 함흥과 경성의 첫 글자를 따서 지었다.

현재 대한민국의 행정 구역은 서울특별시와 6개의 광역시, 8개의 도, 제주특별자치도와 세종특별자치시로 구성되어 있다. 경기도와 강원도는 예전 그대로이지만 충청도는 충청북도와 충청남도로, 전라도는 전라북도와 전라남도로, 경상도는 경상북도와 경상남도로 분리되었다. 또한 지방을 대표하는 큰 도시들을 광역시라고 하는데 부산, 대구, 인천, 광주, 대전, 울산 이렇게 6개의 광역시가 있다.

우리에게 친숙한 대한민국의 수도는 1946년부터 '서울'이라고 불려지기 시작했는데 '서울'이라는 단어의 유래는 신라 시대로 거슬러 올라간다. '서울'은 신라 초기의 도읍지이자 국명이었던 '서라벌, 서벌'에서 기원했다고 한다. 신라 시대의 수도는 경주였지만 '서라벌, 서벌'이라는 단어 자체가 '나라의 수도'라는 의미를 가지고 있는데 바로 거기에서 서울이라는 지명이 유래된 것이다.

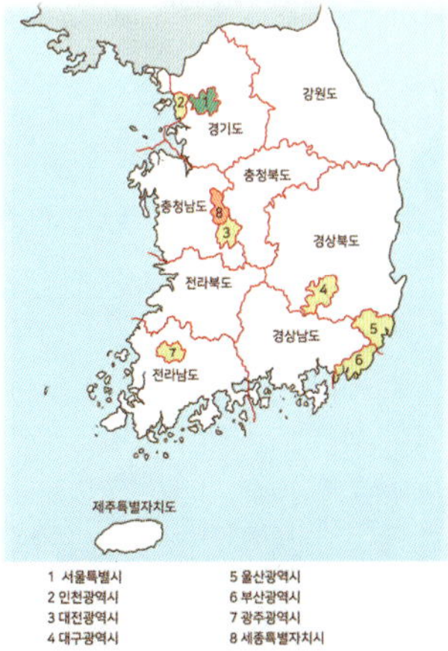


강산 행정 구역 광역시 유래 거스르다 기원하다

부록

# 예시 논문
# 색인

자료1

## 청년 실업의 원인과 해결 방안

### Ⅰ. 서론

올해 1월 통계청에서 발표한 조사 결과에 따르면 현재 한국의 청년 실업률[1)]은 6%, 청년 실업자의 수는 25만 2000명이라고 한다. 이는 작년 4월의 10%, 42만 명에 비하면 감소한 수치이나 여전히 한국의 청년 실업 문제는 심각한 사회 문제라고 할 수 있다. 이를 반영하듯 최근에는 '88만 원 세대', 'N포 세대', '대학 5학년', '열정 페이' 등의 신조어가 유행하기도 했다. 청년 실업 문제는 단순히 청년들 개인의 문제가 아니라 사회 구조적 측면, 교육적 측면, 정부 정책의 측면 등 다양한 관점에서 고민하고 사회 구성원들이 다 같이 해결을 위해 노력해야 하는 문제이다.

이에 본고에서는 관련 통계 자료를 통해 청년 실업 문제의 현황을 파악하고 참고 문헌과 신문 기사 자료 등을 검토함으로써 청년 실업 문제의 원인과 해결 방안을 살펴보고자 한다. 본론에서는 먼저 1장에서 청년 실업의 현황에 대해서 살펴보고 2장에서 청년 실업의 원인을 알아볼 것이다. 마지막으로 3장에서는 이와 같은 문제를 해결하기 위한 해결 방안을 고찰해 보고자 한다.

### Ⅱ. 본론

#### 1. 청년 실업의 현황

정부에서 매년 발표하고 있는 구인, 구직 동향 조사 결과를 보면 올해 구직을 원하는 사람은 390만 명이지만 구인은 200만 명에 미치지 못하고 있는 것으로 나타났다. 그리고 한국 경제 연구원이 최근 10년간 OECD 국가들의 청년 고용 지표를 분석한 결과 한국의 청년 실업률 증가율은 OECD 국가들 중 세 번째로 큰 것으로 조사됐다. 분석 결과에 따르면 OECD 37개국 중 청년 실업률이 증가한 나라는 6개국이었으며 지난 10년 동안 다른 37개 국가들의 청년 실업률이 평균 4.4%P 감소하는 동안 한국은 0.9%P 증가한 것으로 나타났다.

통계청의 경제 활동 인구 조사 결과 중 연령별 고용률[2)]을 살펴보면 현재 20~29세의 연령별 고용률은 58.8%로 30~39세 76.2%, 40~49세 77.2%, 50~59세 75.3%에 비해서 10% 이상 낮은 수치를 보이고 있다.[3)] 앞서 본 20대의 낮은 고용률의 문제점은 취업 이후에도 학자금 대출 상환 등의 이유로 경제적인 어려움을 겪는다는 점이다. 이는 연애와 결혼, 출산을 포기하는 3포 세대를 지나 취업과 내 집 마련을 포기하는 5포 세대의 출현으로 이어지고 있다는 점에서 심각한 문제라고 할 수 있다.

#### 2. 청년 실업의 원인

청년 실업 문제의 원인은 다음의 세 가지 측면에서 찾을 수 있다. 첫째, 사회 전반의 구조적 측면에서의 문제이다. 한국은 대기업 중심의 경제 구조를 가지고 있다. 따라서 청년들은 중소기업 취업을 기피하는 경향이 있고 창업도 쉽지 않다. 또한 산업 구조가 변화하고 있다. 자동화, 무인화가 빠르게 진행되면서 일자리가 감소하고 있다. 그리고 세계 경제와 한국 경제 모두 오랜 기간 심각한 불황에 빠져 있는 것 역시 청년 일자리 수의 감소와 질적 저하를 초래하고 있다.

---

1) 한국의 통계청 자료에서의 청년 실업률이란 국제 노동 기구(ILO) 기준으로 15세에서 29세의 경제 활동 인구 중 실업자의 비율을 말하는 것이다. 이외에 경제 협력 개발 기구(OECD) 기준으로는 15~24세의 실업률을 가리키는데 한국의 경우 군복무 의무화를 고려하여 청년 실업의 범위를 15~29세로 채택하였다.

2) 고용률이란 15세 이상 인구 중 취업자의 비율을 의미한다. 취업난이 장기화되어 실업자 중에서 일자리 찾기를 포기하는 경우 실업자의 수에서 제외되며 이 경우 실업률 감소에 영향을 주게 된다. 따라서 정확한 고용 동향을 위해서는 실업률과 고용률을 함께 살펴보아야 한다.

3) 15~19세의 고용률은 8.6%로 나타났다.

둘째, 교육적 측면에서의 문제이다. 고등학교만 졸업해서는 질 좋은 일자리를 갖기 쉽지 않은 것이 한국의 현실이다. 따라서 대부분의 학생들은 대학에 입학하고자 하고 이에 맞추어 정부에서는 대학 설립을 남발하였다. 이러한 무분별한 대학 설립으로 인한 청년층의 고학력화는 직업에 대한 눈높이와 기대치를 높였다. 이는 한국의 대기업 중심 경제 구조에서 대학을 졸업한 청년들의 중소기업 취업 기피 현상을 불러왔다. 그리고 대기업에서 원하는 신입 사원의 수와 대학을 졸업한 청년들의 수, 즉 수요와 공급에 차이가 있기 때문에 대학을 졸업해도 취업이 힘든 것이 현실이다. 이에 더하여 대학에서 공부한 지식과 업무 현장에서 필요한 지식의 괴리가 청년 실업 문제를 더욱 악화시키고 있다. 기업에서는 대졸자를 신입 사원으로 채용해도 바로 업무에 투입할 수 없기 때문에 신입 사원 채용보다는 경력직 채용을 선호한다.

셋째, 정부의 정책적 측면에서의 문제이다. 대학 교육에서 나타나는 문제점들을 보완하기 위해서 정부는 다양한 청년 지원 정책을 펼치고 있으나 실효성이 떨어진다는 지적을 받고 있다. 현재 정부는 다양한 직업 훈련 프로그램을 개발하여 운영 중이다. 여기에서 산업 현장에서 즉시 필요로 하는 지식과 기술을 교육해야 하지만 현장에서 원하는 교육과 세상이 변화하는 속도에 맞춘 직업 교육이 실시되지 못하고 있기 때문에 취업으로 바로 연결되기 어렵다. 또한 청년 창업 프로그램을 개발하여 운영하고 있지만 청년 창업 역시 대부분 실패하는 것이 현실이다. 이외에도 정부는 '중소기업 청년 추가 고용 장려금' 지원 사업 등을 통해 유망한 중소기업을 성장시키고 청년들이 선호하는 양질의 일자리를 지속적으로 창출하고자 하고 있으나 현실성이 없다는 지적이 나오고 있다. 그리고 좋은 정책이 개발되어도 홍보가 부족하여 청년들이 쉽게 이용하지 못하는 경우가 발생하기도 한다.

### 3. 청년 실업의 해결 방안

그렇다면 청년 실업을 해결하기 위해서는 어떻게 해야 할까? 이 문제를 해결하기 위해서는 다음과 같은 변화가 필요하다. 첫째, 정부의 정책이 변화해야 한다. 청년 취업에 직접적으로 도움을 주기 위해서는 더 강력하고 실효성 있는 대책을 마련해야 한다. 이를 위해 교육 시스템을 바꿔야 한다. 지금보다 더욱 실질적이고 전문화된 직업 학교를 만들고 대학의 취업 경쟁력을 강화해야 한다. 또한 현장에 바로 적용 가능한 직업 훈련을 실시해야 한다. 그리고 청년들이 중소기업을 기피하는 정확한 이유를 파악하여 현실적인 대책을 마련해야 한다. 이에 더하여 정부는 청년 창업의 활성화를 위한 노력도 아끼지 말아야 한다.

둘째, 정부의 정책 변화에 맞춰 기업의 제도 변화가 뒤따라야 한다. 기업들은 지금보다 적극적으로 산학 협력에 나서야 하며 이를 통해 청년들에게 실제적인 현장 체험 기회를 제공해야 한다. 중소기업의 경우 정부의 정책적 지원에만 기댈 것이 아니라 능력 있는 젊은 인재들이 중소기업을 선택하도록 기업 스스로가 노력해야 한다. 구체적으로는 임금 수준, 조직 문화, 근무 환경, 복지 혜택 등을 개선해야 한다.

셋째, 청년들의 가치관이 변화해야 한다. 청년들은 무조건 대기업만을 고집하는 태도를 버려야 한다. 자기 자신의 장단점에 대해 정확히 파악하고 그에 맞는 준비를 통해 일자리를 찾아야 한다.

## Ⅲ. 결론

이상에서 청년 실업의 원인과 해결 방안에 대하여 논의하였다. 지금까지 살펴본 내용을 요약하면 다음과 같다. 먼저 청년 실업의 현황을 살피고 청년 실업의 원인에 대해 구조적, 교육적, 정책적 측면에서 논의하였다. 그리고 청년 실업의 해결 방안으로 정부의 정책 변화, 기업의 제도 변화, 청년의 가치관 변화의 필요성을 제시하였다.

본 연구는 청년 실업의 원인을 다각도로 분석하고 그에 따른 해결 방안을 도출했다는 점에서 그 의의가 있다. 그러나 구체적인 방법을 제시했다기보다는 그 방향만을 제시하는 데에 그쳤다는 점을 본고의 한계로 지적할 수 있다. 정부와 교육 기관, 기업, 청년들의 의견을 실제로 조사해 보고 해외의 우수한 사례를 비교·분석하여 살펴봤다면 좀 더 현실적이고 구체적인 방안을 제시할 수 있었을 것으로 예상된다. 따라서 앞으로 한계점으로 지적한 내용들에 대한 보완 연구가 이루어져야 할 것이다. 이를 토대로 청년 실업 문제가 긍정적인 방향으로 해결되기를 바란다.

## 참고 문헌


국회도서관 입법전자정보실(2001), 청년실업: 현황, 문제점, 대책, 국회도서관 입법전자정보실.

김영재(2012), 한국 청년실업 유형별 전략적 관리 방안에 관한 연구: 정부·대학·기업의 협력을 중심으로, 단국대학교 대학원 박사학위논문.

김유빈, 강신혁, 김영아(2020), 청년층 일자리 현황과 변화 전망, 한국노동연구원.

박천수(2018), 전문대학 졸업생의 진로교육 참여 현황과 성과, 산업연구 통권 제2호, KIET 산업연구원, pp.75-100.

이윤재(2018), 구조적인 청년실업문제: 장단기 대책 병행해야, 예산춘추 제50호, 국회예산정책처, pp.33-36.

조성은(2017), 대졸자의 첫 일자리 취업 영향요인 분석, 숙명여자대학교 대학원 석사학위논문.

[다산칼럼] 청년실업 해법이 갈수록 어려워지는 이유, 한국경제, 2022.01.23.
https://www.hankyung.com/opinion/article/2022012379121

자료2

# 한국의 응원 문화에 대한 고찰

## Ⅰ. 서론

최근 케이팝(K-POP)의 인기가 뜨거워지면서 한국의 응원 문화[1]에 대한 관심도 높아지고 있다. 좋아하는 연예인이 있는 사람들은 그 연예인이 출연하는 콘텐츠를 적극적으로 소비하면서 여러 가지 다양한 형식으로 그 연예인을 응원한다. 이는 운동선수 또는 스포츠 팀을 응원하는 경우에도 마찬가지이다. 이러한 한국의 응원 문화는 다른 나라의 응원 문화와는 다른 특징을 보인다. 또한 한국 내에서도 각 분야별로 다른 응원 문화를 찾아볼 수 있다.

이 논문은 한국의 응원 문화를 조사하여 소개하고 장단점을 알아보는 것에 그 목적이 있다. 본론에서는 먼저 스포츠 분야의 응원 문화에 대해 살펴보고 이어서 대중 예술 분야의 응원 문화를 알아볼 것이다. 그 후 한국의 응원 문화에서 나타나는 장단점을 다각도로 고찰하도록 하겠다.

## Ⅱ. 본론

### 1. 스포츠 분야의 응원 문화

한국에서 스포츠 분야의 선수나 팀을 응원하는 문화에는 다음과 같은 특징이 있다. 첫째, 선수나 팀을 응원하는 특정한 옷 또는 색깔, 응원 구호 또는 응원가가 있다. 한국 사람들이 한국 축구 국가 대표 팀을 응원할 때 빨간 옷을 입고 다 함께 “대한민국”을 외치는 것이 가장 대표적인 사례이다. 또한 프로 야구에서도 이러한 모습을 볼 수 있다. 자신이 응원하는 선수가 경기장에 들어서면 팬들은 큰소리로 그 선수를 상징하는 말 또는 노래를 부르며 좋은 경기력을 보여 주기를 바란다.

둘째, 응원하는 선수가 경기를 끝내고 집으로 돌아가는 때를 기다려 인사를 나누고 준비한 편지, 선물을 전달한다. 팬들은 가까운 거리에서 응원하는 선수를 직접 만나 사인을 받거나 사진을 찍고 대화를 나누는 등의 행위를 통해 친근함을 느끼게 된다. 이것은 ‘퇴근길’ 문화라고 불리며 이제는 응원 문화의 하나로 자리잡았다.

셋째, 응원하는 선수의 이름으로 봉사 활동 또는 기부를 한다. 자신이 응원하는 선수가 사회에 좋은 영향을 끼치고 긍정적인 이미지를 얻도록 팬들이 돈을 모아 선수의 이름 또는 팬클럽의 이름으로 기부를 하거나 봉사 활동에 직접 참여한다.

이상의 사례에서 알 수 있듯이 스포츠 분야의 응원 문화는 다양한 형식으로 이루어지고 있다. 좋아하는 선수나 팀을 위해 구호를 외치거나 응원가를 부르는 등의 단순한 차원에서 벗어나 봉사 활동 또는 기부를 통해서 사회적으로 좋은 영향을 끼치는 등의 여러 가지 형식으로 확대, 진화하고 있다.

### 2. 대중문화 분야의 응원 문화

한국에서 연예계 또는 예술계에서 활동하는 유명인들을 응원하는 문화는[2] 스포츠 분야의 응원 문화에서 좀 더 확장된 형태를 보인다. 스포츠 분야의 응원 문화와 마찬가지로 대중문화 분야의 응원에서는 특히 가수의 경우 그 가수를 상징하는 색깔이 있다. 그리고 콘서트에서는 그 가수를 나타내는 응원봉이나 슬로건을 흔들며 노래에 맞춰 응원 구호를 외치는데 응원하는 가수에게 힘을 주기 위한 행위라는 점에서 스포츠 분야의 응원 문화와 유사하다고 할 수 있다.

또한 응원하는 연예인의 촬영 장소에 도시락 또는 커피 차, 간식 차를 보내기도 한다. 촬영이 있는 날 그곳에서 일하는 모든 사람들이 먹을 수 있는 음식을 준비해서 보내는 것으로 이러한 응원을 받은 연예인들은 감사히 잘 받았음을 팬들에게 알리기 위해 인증 사진을 찍어 에스엔에스(SNS)에 올린다.

---

1) 본고에서 말하는 ‘응원 문화’란 운동 경기 등에서 선수들이 힘을 낼 수 있도록 도와주는 좁은 의미의 응원 문화가 아니라 운동선수, 가수, 배우 등의 유명인이나 특정 분야를 좋아하는 사람들을 의미하는 팬덤(fandom)을 포함하는 넓은 의미의 응원 문화이다.

2) 본고에서는 이후 연예계 또는 예술계에서 활동하는 유명인들을 응원하는 문화를 ‘대중문화 분야의 응원 문화’로 칭하기로 한다.

그리고 응원하는 연예인과 관계 있는 물품을 구입함으로써 응원하는 자신의 마음을 표현하기도 한다. '굿즈'라고 불리는 이 물품은 음반을 비롯하여 의류, 문구류, 도서류, 각종 생활용품 등 다양한 품목으로 발매되며 팬들은 이러한 굿즈를 사는 것에 돈을 아끼지 않는다. 연예인이 소속되어 있는 회사가 아닌 팬 개인이 만들어 소장하거나 판매하는 경우도 종종 있다.

대중문화 분야의 응원 문화 중 특징적인 것은 팬들이 응원하는 연예인의 인지도를 올리기 위해서 돈을 모아 그 연예인의 광고를 하는 것이다. 보통 그 연예인의 생일, 데뷔 일, 앨범 발매일 등 특별한 날을 기념하여 건물 위 전광판, 지하철 역이나 버스 정류장의 벽면, 쇼핑몰의 기둥 등에 광고를 한다. 간혹 자신이 응원하는 연예인이 TV 프로그램에 출연하면 그 프로그램의 광고 시간을 구입하여 광고하기도 한다.

그리고 스포츠 분야의 응원 문화에서 볼 수 있었던 퇴근길 문화, 응원하는 연예인의 이름으로 봉사 활동 또는 기부를 하는 행위 역시 대중문화 분야의 응원 문화에서 흔히 볼 수 있는 응원 문화이다.

이상의 사례를 통해서 한국 대중문화 분야의 응원 문화는 스포츠 분야의 응원 문화보다 좀 더 다양한 형식으로 이루어지고 있다는 점을 알 수 있다. 또한 한국 대중문화 분야의 응원 문화는 유기적인 조직력과 단합력을 동력으로 성장, 발전했음도 알 수 있다.

### 3. 한국 응원 문화의 장단점

이러한 한국의 응원 문화에는 여러 장점이 있다. 첫째, 함께 응원하는 사람들 사이에 '우리는 하나'라는 결속력이 생긴다. 또한 많은 사람들과 함께 응원하기 때문에 혼자 외롭게 응원하지 않고 응원 자체를 즐기게 된다. 둘째, 적극적인 응원 문화를 통해 스포츠 분야, 대중문화 분야의 성장이 이루어진다. 팬들의 스타를 위한 소비는 그 스타가 활동하는 콘텐츠를 소비하는 것에 그치지 않고 그 스타가 속한 분야의 질적, 양적 성장과 연결된다. 이 과정에서 팬들은 자신이 응원하는 스타의 성장에 동참하게 된다. 셋째, 자신이 좋아하는 스타들을 통해 봉사 활동, 기부 등의 선행이 이루어진다. 원래의 목적은 대중들로 하여금 자신이 응원하는 스타를 좋은 이미지로 기억하게 하기 위해서이지만 결과적으로는 사회에 보탬이 되는 행위로 이어진다는 점은 분명 장점으로 볼 수 있을 것이다. 마지막으로 이러한 활동들을 통해 팬들은 자신이 좋아하고 응원하는 스타와 연결되어 있음을 느낄 수 있다.

한국의 응원 문화에는 이러한 여러 장점들이 있는 반면에 단점도 존재한다. 먼저 스타를 응원하는 것에 너무 빠지면 사회생활이나 학업에 지장을 초래하는 등 일상생활에 문제가 생길 수 있다는 점을 단점으로 들 수 있다. 특히 어린 청소년의 경우 가치관에 혼란이 올 수도 있다. 또한 좋아하는 연예인의 성격이나 감정, 생각을 근거 없이 추측하고 착각을 할 수도 있다. 다음으로 좋아하는 연예인을 응원하기 위해서 많은 돈과 시간을 소비하면서 자신의 경제적 능력에 비해 과소비를 하게 될 수 있다는 점이 문제가 된다. 마지막으로 자신이 응원하는 스타에 대한 애정이 잘못된 방식으로 표현되기도 한다. 예를 들어 연예인의 집을 찾아간다거나 연예인의 알정에 맞춰 계속 따라다닌다거나 방송국 앞에서 밤새 연예인을 기다리는 등의 어긋난 행동을 하는 사생팬[3]의 범죄가 발생하는 경우가 있다.

## Ⅲ. 결론

지금까지 한국의 응원 문화에 대하여 살펴보았다. 이상의 내용을 정리하면 다음과 같다. 본론에서는 먼저 스포츠 분야와 대중문화 분야로 나누어 각각의 응원 문화에 대해서 분석해 보았다. 그 결과 한국의 응원 문화는 스포츠 분야와 대중문화 분야에서 각각의 특징을 보여 주고 있다는 것을 알 수 있었다. 그리고 이후 이러한 한국 응원 문화의 장단점을 고찰해 보았다.

이 연구를 통하여 한국에서 이루어지는 스포츠 분야와 대중문화 분야의 응원 문화를 구체적으로 분석할 수 있었다. 또한 장점과 단점을 살펴봄으로써 한국의 응원 문화에서 볼 수 있는 긍정적인 부분과 부정적인 부분에 대해 생각해 볼 기회를 제공하였다. 그럼에도 불구하고 이 연구는 단점에 대한 개선 방안을 제시하지 못했으며 장점을 더욱 발전시킬 방법에 대한 논의가 이

3) 사생팬이란 스타의 사생활을 침해하는 극성팬을 가리킨다.

루어지지 못했다는 한계를 지닌다. 후속 연구에서는 한국 응원 문화의 단점에 대한 개선 방안을 모색해 보기를 기대한다. 본고에서 제시한 단점들이 개선된다면 한국의 응원 문화가 더욱 긍정적인 방향으로 발전하여 많은 사람들이 스포츠와 대중문화를 즐겁게 즐길 수 있게 될 것이다.

## 참고 문헌


김경재(2019), 한국 대중음악에서의 아이돌 팬 문화에 대한 연구: EXO 팬을 중심으로, 성공회대학교 문화대학원 석사 학위 논문.

김영갑(2006), 붉은악마와 훌리건의 비교문화적 접근, 한국체육학회지 제45권 제4호, 한국체육학회, pp.49-59.

김영갑(2007), 한국 축구 응원 문화의 사회운동적 프레임 형성과정과 사회적 함의, 한국체육철학학회지 통권 30호, 한국체육철학회, pp.205-222.

김작가(2020), 소비 통해 연대감 형성하는 전 세계 K팝 충성 팬덤: K팝 문화는 어떻게 현지화했나, 이코노미조선, 조선비즈, pp.24-25.

김현정(2021), 취향 공동체의 사회적 역할에 관한 논의: 방탄소년단 팬덤 사례를 중심으로, 한국과 국제사회 제5권 1호, 한국정치사회연구소, pp.77-102.

이윤희(2003), 2002년 월드컵 길거리 응원의 축제 공동체적 특성, 사회와이론 제3집, 한국이론사회학회, pp.125-156.

전성춘(2009), 한국 스포츠 관람 문화 연구, 고려대학교 대학원 박사 학위 논문.

홍종윤(2014), 팬덤 문화, 커뮤니케이션북스.

[시사NIE] 팬덤의 변화…오빠부대에서 대중문화 생산자로, 중앙일보 2015.09.09.
https://www.joongang.co.kr/article/18621779#home

# 색인

## 어휘 색인

### ㅅ

### ㅋ



### ㅌ



### ㅍ



### ㅎ